梁启超传

吴其昌 著

吉林人民出版社

图书在版编目(CIP)数据

梁启超传 / 吴其昌著 . —长春:吉林人民出版社,
2013.10(2021.1 重印)
(大师人物馆)
ISBN 978-7-206-09997-7

Ⅰ. ①梁…
Ⅱ. ①吴…
Ⅲ. ①梁启超(1873~1929)—传记
Ⅳ. ①B259.1

中国版本图书馆 CIP 数据核字(2013)第 243901 号

梁启超传

著　　者:吴其昌
责任编辑:赵梁爽
制　　作:吉林人民出版社图文设计印务中心
吉林人民出版社出版 发行(长春市人民大街 7548 号　邮政编码:130022)
印　刷:三河市天润建兴印务有限公司
开　本:710mm×1000mm　　1/16
印　张:13　　　　字　数:171 千字
标准书号:ISBN 978-7-206-09997-7
版　次:2014 年 1 月第 1 版　2021 年 1 月第 2 次印刷
定　价:39.00 元

目录

目录

第一章　一世纪中国之命运

——从鸦片战争至梁氏诞生的前夕

这本“地狱底层的官场现形记”的电影。在此重映一通，青年们！会使你哭笑不得，血泪倒流，是不是？你看了这本电影，你才知道清末的志士仁人，革命英烈，所抛的头颅，所喷的碧血，其意义如何的壮烈伟大了。中山先生，自然是最伟大的建国成功者，而梁启超冒九死一生，首先发难。勇往直前地冲锋。他自己承认“陈胜、吴广”之功。但天下后世的公评，他的勤劳，他的气魄、精神、声威，实在比陈胜、吴广要高出万倍！

少年梁启超

第一节 绪 说

孟子说“知人论世”，我们要知道一个人全部的事业，了解他全部的心境，欣赏他全部的风度，认识他全部的学问，然后才能公正地评判他生平的价值。所以我们要做这个人的传记，必须暂时把我的神魂，钻入这个人的时代，并立于这个人的环境，透视了这个人的情绪、性格，然后能作亲切有味的描写，客观无私的综述，并且才可成功一部鲜活的信史。

中国这一百年来（1842—1943）的命运，真正是从乐土跌入了地狱，又从地狱爬回到乐土，一个四千年历史上从未有的大转折期。在道光二十年鸦片战争以前，中国虽然内部已经空虚，但外表承乾嘉余荫，还是金光灿烨！《南京条约》以后，绑上第一条枷锁！割了第一块骨肉！以后一条一条的绑上无量数的枷锁；一块一块的割了无量数的骨肉！受着这样“凌迟”的惨刑，简直堕入地狱的底层，最惨痛苦楚的时期，正在这一百年的中间。自甲午（1894）中日之战，至庚子（1900）联军之役，那时瓜分的酷刑，已为全世界所宣判定了。稍有血性的国民，都想蹈东海而自杀；陈天华就是著名的代表之一。梁启超，正是生长在这个最黑暗地狱底层的有血有泪有志气的一位满身创伤的青年。他也屡次想跳海而死，但他坚决地相信中国必然不亡，并且断然复兴，所以他在全然无望之中，挣扎奋斗。但是，可怜他到死，始终不见义师统一中华。他是在黑暗地狱中过了一生的“盲鱼”！虽然他的心是不盲的。别人我不知道，使我而处在梁氏的时代，我恐怕要终日恸哭呕血而死了。

第二节　梁氏生前中国一般的惨况

一　陷落于绝望的深渊

我们现在来回头看看梁氏的时代与环境：

> ……我国民全陷落于失望时代。希望政府，政府失望！希望疆吏，疆吏失望！希望政党，政党失望！希望自力，自力失望！希望他力，他力失望！忧国之士，溢其热血，绞其脑浆，于彼乎？于此乎？皇皇求索者有年，而无一路之可通，而心血为之倒行，脑浆为之瞀乱！……（《饮冰室自由书》）

所以康有为吟着“或劝蹈海未忍决，且歌惜誓留人间”的诗，后来梁启超还是告其友明水：“使中国而诚无可为，我唯有蹈东海以死耳！”到底那时环境的现状是怎么样的呢？西洋浪人所常常举例宣传，乃至照片绘画的：鸦片、八股、小脚、长辫、笞臀、杀头、花酒、磕头等怪状，这是最粗浅的有形的外症，人人所知道的。如果稍微放眼深刻地一看，那就更可悲了。

二　天灾・人祸

放眼先展望那时代整个的国家，则是：

> ……地利不辟，人满为患。河北诸省，虽岁中收，犹道瑾相望。京师一冬，死者千计。一有水旱，道路不通，运赈无术；任

其委填，十室九空。滨海小民，无所得食，逃至南洋，鬻身为奴，犹被驱迫，……驯者转于沟壑，黠者流为盗贼。教匪会匪，蔓延九州。工艺不兴，商务不讲，土货日见减色，而他人百物，畅销内地。漏卮日甚，脂膏将枯。(《论不变法之害》)

位于北京植物公园的梁启超墓园（梁思成设计）

三　道德的堕落

以上还可以委之于自然及外来之灾祸！然而亡清末年的“汉族奴才”，经过三百年恐怖的大淫威的压迫，其制造奴根性的政策，居然成功，我羲黄神胄，那时不免大部分呈现着可悲痛的症象。《因明集》有一首古乐府名《奴才好》，刻画得透彻淋漓：

奴才好，奴才好，勿管内政与外交，大家鼓里且睡觉。古人有句常言道：“臣当忠，子当孝”，大家切勿胡乱闹。满洲入关三百年，我的奴才做惯了。他的江山他的财，他要分人听他好。转瞬洋人来，依旧要奴才。他开矿产我做工，他开洋行我细崽，他要招兵我去当，他要通事我也会。内地还有“甲必丹”，收赋治狱荣巍巍。满奴作了作洋奴，奴性相传入脑胚。……什么流血与革命，什么自由与均财，……我辈奴仆当戒之，福泽所关慎所归。“大金”“大元”“大清朝”，主人国号已屡改；“大德”“大法”“大日本”，换个国号任便戴！奴才好，奴才乐，世有强者我便服！三分刁黠七分媚，世事何者为龌龊，……灭种覆族事遥遥。此事解人几难索？……奴才好，奴才乐，奴才到处皆为家，何必保种与保国！

这是蒋智由先生沉痛的血泪，今日吾辈青年读之，真欲怒发冲冠，而在当时可并不认为严重的怪象。这种“严重的怪象”，真所谓“国家将亡，必有妖孽”。绝不是含血喷人的污蔑，危词耸听的肆谈。

罗汉床与鸦片烟

四　思想的颠倒

远在梁、蒋以前，以谨朴著称的郭嵩焘，已记其亲眼所见云：

……及至京师，折于喧嚣之口，噤不得发。窃谓中国人之心有万不可解者：西洋为害之烈，莫甚于鸦片烟；英国士绅，亦自耻其以害人者为构衅中国之具也，方谋所以禁绝之。中国士大夫，甘心陷溺，恬不为悔。数十年来，国家之耻，耗竭财力，无一人引为咎心。钟表玩具，家家有之。呢绒洋布之属，遍及穷荒僻壤。江、浙风俗，至于舍国家钱币，而专行使洋钱，且昂其值，漠然无知其非者。一闻修造铁路、电报，痛心疾首，群起阻难。至有以见洋人机器为公愤者；曾颉刚（纪泽）乘南京小轮船至长沙，官绅起而大哗，数年不息。是甘心承人之害，以使腹吾之膏脂；而挟全力自塞其利源，蒙不知其何心也！……（《郭筠仙集·与李鸿章书》）

五　民智的固陋

越十余年，梁氏之所亲见的，又变本加厉了。他说：

……吾少而居乡里，长而游京师，及各省大都会，颇尽识朝野间之人物。问其子弟，有知国家为何物者乎？无有也！其相语则曰：如何而可以入泮，如何而可以中举也。问其商民，有知国家之危者乎？无有也！其相语则曰：如何而可以谋利。如何而可以骄人也。问其士夫，有以国家为念者乎？无有也！其相语则曰：如何而可以得官，可以得差，可以得馆地也。问其官吏，有以国事为事者乎？无有也！其相语则曰：某缺肥，某缺瘠，如何而可以逢迎长官，如何而可以盘踞要津也。问其大臣，有知国耻，忧国难，思为国除弊而与利者乎？无有也！但入则坐堂皇，出则鸣八驺，颐指气使，穷奢极欲也。……于广坐之中。若有谈国家者，则指而目之曰：是狂人也，是痴人也。其人习而久之……则亦自觉其可耻，钳口结舌而已。不耻言利，不耻奔竞，不耻蝶渎，不耻愚陋，而唯言国事之为耻！习以成风，恬不为怪。遂使四万万人之国，与无一人等！……（《爱国论》）

清末苏北的水灾，旱灾，风灾，连年不断

任公先生岂不知道，这“莫谈国事”的恶风，乃是满洲皇帝三百年来杀头淫威禁制的结果。过去我在北平读书的时候，还见到西直门外小茶馆里的黑墙上贴着前清时代尚未刷去的条禁：“莫谈国事！”但是痛心的，想不到吾民族承受这淫刑的结果，竟养成为“无耻”！春秋之义：“蒙大辱以生者，毋宁死！”，庄子之言：“哀莫大于心死！”那知道吾民族受淫威、蒙大辱以后，竟由心死而变成无耻，所以革命的大业，一直要等待中山先生的领导，才能完成啊！

清末连年自然灾害，使穷苦农民痛苦不堪，流离失所

六　社会的腐化

这种无耻的怪象，延续到后来，尚为梁氏所亲见，他分别的记着：

……越惟无耻，故安于城下之辱，……而不思一雪；乃反托虎穴以自庇，求为小朝廷以乞旦夕之命。……官惟无耻，故不学军旅而敢于掌兵。不谙会计而敢于理财。不习法律而敢以司理。

瞽聋跛疾，老而不死；年逾耋颐，犹恋栈豆。接见西官，栗栗变色；听言若闻雷，睹颜若谈虎！其下焉者，鲍食无事，趋衙听鼓；旅进旅退，濡濡若驱群豕！……士惟无耻，故一书不读，一物不知。出穿窬之技，以作“搭题”；甘囚虏之容，以受收检。抱八股八韵，谓极宇宙之文；守高头讲章，谓穷天人之奥！商惟无耻，故不讲制造，不务转运；攘穷于室内，授利于渔人。其甚者习洋文为奉承西商之地，入洋塾为操练买办之才。充犬马之役，则耀其乡里；假狐虎之威，乃轹其同族！兵惟无耻，故老弱羸病，苟且充额。力不能胜匹雏，耳未闻谭战事。以军资十年之蓄，饮酒狎花；距前敌百里而遥，望风弃甲！民惟无耻，百人之中，识字者不及三十。……五印毒物，天下所视为虺为鸠，乃遍国种之，遍国嗜之，男妇老弱，十室八九，依之若命。缠足陋习，……习之若性！……（《知耻学会序》）

吸食鸦片之风

又记：

……学校不立，学子于帖括外，一物不知。其上者考据词章，破碎相尚：语以瀛海，瞠目不信！又得官甚难，治生无术，习于无耻，懵不知怪。兵学不讲，绿营防勇，老弱癖烟，凶悍骚扰，无所可用。一旦军兴，临时募集，半属流句，器械窳苦，饷糈微薄。偏裨以上，流品猥杂。一字不识，无论读书。营例不谙，无论兵法。……官制不善，习非所用，用非所习。委权胥吏，百弊蝟起。一官数人！一人数官！牵制推诿，一事不举。保奖矇混，鬻爵充塞；朝为市侩，夕登显秩，宦途壅滞，候补窘悴；非钻营奔竞，不能疗饥。俸廉微薄，供亿浩繁，非贪污恶鄙，无以自给！限年绳格，虽有奇才，不能特达；必俟其筋力既衰，暮气已深，始任以事。故肉食盈延而之才为患。……（《论不变法之害》）

清末上海十大名妓

梁氏虽痛哭流涕地嚷着：“嗟乎！之数无耻者，身有一于此罔不废！家有一于此罔不破！国有一于此罔不亡！”然而那时的全国，充耳不闻，这也许天将灭亡满清政权的表征。

慈禧在御花园仁寿殿前照，前为总管太监李莲英（右）、崔玉贵（左）

七　太后的奢靡

回头再看看那时满清政权的最高主宰，所谓“慈禧太后那拉氏”这老物，则正敲诈我们全体同胞的汗血，出卖我们祖国百年命运的代价，来挥霍她个人淫乐的享受。用创办海军的专款来修造颐和园，只是最显明著称的事，此外还有我们所不知道的弥天糊涂账，例如：

……乙未至戊戌间，凡借外债五千万磅，除偿款外，所余尚一千二百十七万磅有奇。辛丑以后，各省每年解一千八百万两于北京政府，每年所余者七百万两有奇。及今三年，亦二千万两有奇矣。此等美款，用诸何途？……乙未至庚子，颐和园续修工程，每年三百余万两。皇太后万年吉地工程，每年百余万两。戊戌秋间，皇太后欲往天津阅操，命荣禄修行宫，提“昭信股票”余款六百余万两。辛丑回銮费，据各报所记，二千余万两。辛丑后动工兴修之佛照楼（按即后来之居仁堂）工程，五百万两。今年（1903）皇太后七旬万寿庆典，一千二百万两。另各省大员报效，一千三百万两。即此荦荦数端，专为一人身上之用，我辈所能知者，其数已达九千万两！未知者复何限。……国民乎！国民乎！公等每年绞四千三百万之膏血，为北京城内一人（那拉氏）无用之私费，公等节衣缩食，抛妻鬻子，以献纳于……北京，为彼一人修花园、庆寿辰、筑坟墓之需也！……（《中国国债史》）

清朝末年，虽然政权濒临灭亡，宫廷里却依然过着奢侈享乐的生活

八　朝廷的昏庸

西太后的荒淫逸乐，别具肺肝既如此，辅翼此淫后老怪之元老大臣期何如？譬如户部尚书阎敬铭，千方百计撙节浮款，为国家创办海军，而皇太后天天向他闹钱，老大不快，把他革职了事。这一个例，说明除了“混蛋”——如李莲英——及“恶霸”——如荣禄等——以外，谁都不能存在。存在的“混大老”呢，请你看看：

……日本人谓我……握国权者，皆老朽之人也。非哦几十年“八股”，非写几十年“白摺”，非当几十年差，非挨几十年俸，

李莲英

非递几十年“手本”，非唱几十年“喏”，非磕几十年头，非请几十年安，则必不能得一官，进一职！其内任卿贰以上，外任监司以上者，百人之中，其五官不备者，殆九十六七人也！非眼盲，则耳聋。非手颤，则足跛。否则“半身不遂”也。彼其一身饮食、步履、视听、言语，尚且不能自了，须三四人在左右扶之捉之，乃能度日。于此而乃欲责之国事，是何异立木偶而使之治天下也。且彼辈自其少壮之时，已不知亚、欧、非、美为何处地方：汉祖、唐宗是那样皇帝；犹嫌其顽钝腐败之未臻其极，又必搓磨之，陶冶之，待其脑髓已涸，血管已塞，气息奄奄，与鬼为邻之时，然后将我二万里山河，四万万人命，一举而畀其手！呜呼！……

而彼辈者积其数十年之八股、白摺、当差、捱俸、手本、唱喏、磕头、请安，千辛万苦……乃始得此“红顶”“花翎”之服色，“中堂”“大人”之名号。乃出其全副精神，竭其毕生力量，以保持之。如乞儿拾金，虽轰雷盘旋顶上，而两手犹紧抱其荷包，他事非所愿、非所知、非所闻也。于此而告之以亡国也，瓜分也，彼乌从而听之，乌从而信之！即使果亡矣，果分矣，而我今年既七十矣，八十矣，但求其一两年内，洋人不来，强盗不起，我已快活过了一世！若不得已，则割三省两省土地，奉申贺敬！以换我几个衙门，卖三五百万之人民。作奴为仆，以赎我一条老命。有何不可！有何难办！呜呼！今之所谓老后、老臣、老将、老吏者，其修身、齐家、治国、平天下之手段，皆具于是矣。……（《少年中国说》）

梁启超雕像

九　外交的腐败

至于最重要的周旋世界、折冲列强、掌握国防和战之枢机、控制国家存亡之命运的机构，叫做“总理各国事务衙门”。简称“总理衙门”，将

李莲英扮善财童子或守护神韦驮站其身右，左边则有扮成龙女者

呈何种状况呢？那更妙了，素有“混蛋加三级”之雅号（北京饭馆里，“水墩蛋”加上鸡丁鸡片鸡丝——三鸡——这碗菜就叫“总埋衙门”）。大家所亲见的：

总理衙门

……总理衙门，老翁十数人，日坐堂皇。并外国之名且不

> 知，无论国际。并己国条约，且未寓目，无论公法。各国公使、领事等官，皆由奔竞而得。一无学识。……（《政变原因答客难》）

这实在是千真万确之事，当时曾有“把九龙弄到澳洲东南”的笑话，因为澳门与澳洲，这班“老王爷”实在有点搅不清楚！“使’，“领”之由奔竞而得，也是事实，以出使日本的为尤甚的，只是把“捉留学生”，“杀革命党”，为唯一要务。当时一位留日学生——笔名“东亚伤心人”——做一首新乐府，名《哀星轺》，讥使臣“献媚蓄意杀学生”，附带叙述使臣的出身，说：

> ……使臣当日好肩背，南洋贩米东洋卖，相公堂前，袖献票纸；王爷膝下，跪呈扇子。王爷心绪忧，肥奴旁侍喘如牛，亲捧留声机器奏床头。翁在街头卖卦命，儿走上房司门政，儿今作贵人，紫绶金章衬绿巾……

在北京签订《辛丑条约》的情景，前排右二为李鸿章

十　军队的黑暗

“若以练兵论之”，那么：

……用洋将统带训练者，则授权洋人。国家岁糜巨帑，为他人养兵以自噬。其用土将者，则如董福祥之类，藉众闹事，损辱国体，动招边衅。否则骚扰闾阎，不能防国，但能累民。又购船、置械于外国，则官商之经手者，借以中饱自肥，贵重金而得窳物。如是则练兵反不如不练！……（《政变原因答客难》）

上面这段话，没有一字是虚晃，甲午战争就惨败在这真凭实据上。

……据英人蒲阑德（Bland）的记述说：“在战争发生前二年，汉纳根（李鸿章部下服务的德人）请李鸿章购买大量克鲁伯厂所造的大开花弹，供战斗舰上大炮之用。李氏已经签发了命令，但是终于不曾实行。……当黄海海战时，至有两艘战斗舰，共同只有三颗大开花弹！因此在大半日的苦战当中，中国战舰大口径的巨炮皆闲搁不能作用”。至于中国自己制造的鱼雷，据严复所说，有用铁渣来代替火药装在里面的！海军李鸿章用全力经营的，内容的腐败如此；陆军就更不用说了。……（李剑农：《中国近百年政治史》）

十一　实业的丛弊

再换一个方面，就当时推行关于经济建设的新政来观察：

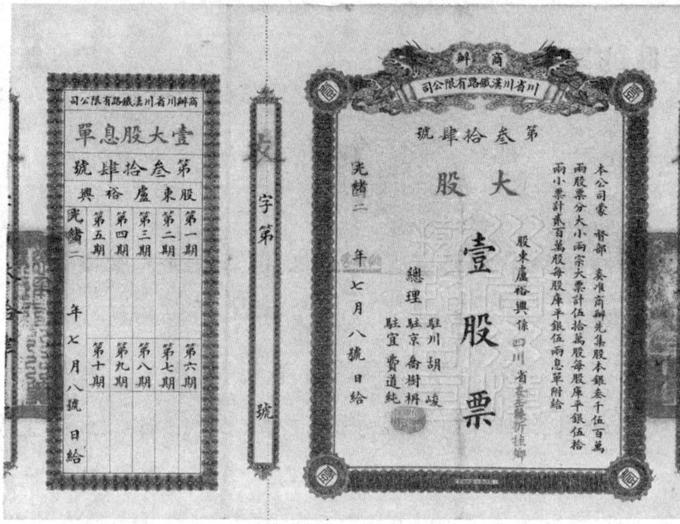

商办川汉铁路股票

……以开矿论之，……西人承揽，各国要挟，地利尽失，畀之他人。否则奸商胡闹，贪官串弊；各省矿局，只为候补人员“领乾脩”之用，徒糜国帑。如是则开矿反不如不开。……

……中国旧例：官绅之不办事而借空名以领俸，谓之“乾脩”。凡各省之“某某局总办”“某某局提调”，无不皆是也。（《政变原因答客难》）

……乃至兴一利源，则官与商争，绅与民又争。举一新政，则政府与行省争，此省与彼省又争。议一创举，则意见歧而争，意见不歧而亦争。究之阴血周作，张脉偾兴；旋动旋止，只视为痛养无关之事！……（《南学会叙》）

所以清末“官商合办”的，或是“官督商办”的经济建设，没有一件不是彻骨失败的。后来川汉铁路的建设，可怜路基已经铺到宜昌，只因“官与民争”，就扩大为清廷覆亡的致命伤！

薛福成故居轿厅

十二　贪污的普遍

如果我们看完了官场中的上层阶级，还觉得未能恶贯满盈，不妨再走入普通官场，看看中下层吏曹郎官的一般风气：

……前此京朝士夫。朴素如老儒。入署大牵步行，宴客不过数簋。岁得俸廉数百金，即足以自给。其名士，往往敝衣破帽，萧然自得。而举国且仰其风采也。……（《说国风中》）

如果长能如此，那也罢了。但是到后来呢？啊，但只见：

……今也，全国富力，有日蹙而无日舒；而中流社会之人，已相炫以豪华。虽以区区一曹郎，而一室之陈设，耗中人十户之赋。一席之饮宴，值会典半年之俸。而其尤宦达者，更无论也。……（《说国风中》）

所谓"其尤宦达者"淫奢滔天的罪恶，你如果不信，请你一读薛福成

《庸盦笔记》里面的《河工奢侈之风》条。

……老于河工者为余谈：每岁经费，实用之工程者，十不及一！其余以供文武员弁之挥霍，大小衙门之酬应，过客游士之余润。凡饮食、衣服、车马、玩好之类。莫不斗奇争巧，务极奢侈。即以宴席言之，一豆腐也，而有二十余种。一猪肉也，而有五十余种。……（中间叙述种种罪恶甚怪甚详，不欲汗我文笔，从略。）食品既繁，虽历三昼夜之长，而一席之宴不能毕！故河工宴客，往往酒阑人倦，各自引去，从未有终席者。此仅举宴席以为例，而其余若衣服车马玩好，豪奢之风，莫不称是。各厅署内，自元旦至除夕，无日不演剧，自黎明至夜分，虽观剧无人，而演者自若也。每署幕友数十百人，游客或穷困无聊，乞得上官一名片，以投厅、汛各署，无不延请。有为宾主数年，迄未识面者！幕友终岁无事，主人夏馈“冰金”，冬馈“炭金”，佳节馈“节敬”；每逾旬月，必馈宴席。幕友有为棋、博、樗蒲之戏者，得赴账房领费，皆有常例。……新点翰林，有携朝贵一纸书谒河帅者，河帅为之登高而呼，万金可立致。旧人拔贡，有携京员一纸书谒库道者，千金可立致！嗟乎！国家岁糜巨帑以治河，而频年河决，更甚于今日。竭生民之膏血。以供贪官污吏之骄奢淫僭，天下安得不贫苦！……

其他如外人所记，太监安得海、李莲英等之恃西后淫纵祸国，那更甚于此！养成亡清“全国宦场”的国风，贯彻上、中、下。不论贫、穷、富，一样的：

……前此偶有游戏，讳莫如深。今则樗蒲之博，以夜继昼；

慈禧在颐和园乐寿堂与外国公使夫人合影

狭邪之游，张旗鸣鼓。职务废于醉饮，神志昏于姣变！而举国未或以为非也。前此贿赂苞苴，行诸暮夜；馈者受者，咸为戒心。今则攫金于市，载实于朝，按图索骥，选树论价，恬然不以为耻，而且以此夸耀于其侪辈也。……（《说国风中》）

第三节　梁氏生前中国一般的教育状况

够了！这本“地狱底层的官场现形记”的电影，在此重映一通，青年们！会使你哭笑不得，血泪倒流，是不是？你看了这本电影，你才知道清末的志士仁人，革命英烈，所抛的头颅，所喷的碧血，其意义如何的壮烈伟大了。中山先生，自然是最伟大的建国成功者，而梁启超冒九死一生，首先发难，勇往直前地冲锋。他自己承认“陈胜、吴广”之功，但天下后世的公评，他的勤劳，他的气魄、精神、声威，实在比陈胜、吴广要高出万倍！

这些暂且搁起，这电影还有下半本，是当时“地狱底层的文化界现形

青年时梁启超

记”，也请今日青年一看。

还在梁氏四岁的时候，美国的电话已经装起来了，而同时在中国呢，

> ……记得光绪二年，有位出使英国大臣郭嵩焘，做了一部游记，里头有一段，大概说：“现在的夷狄，和从前不同；他们也有二千年的文明。”哎，可了不得！这部书传到北京。把满朝士大夫的公愤，都激动起来了。人人唾骂，日日奏参，闹得奉旨毁版，才算完事。……（《五十年中国进化概论》）

更前十年（同治六年），宰相名儒倭仁，反对李鸿章在北京设同文馆的怪事，那更不必说了。

十三　童年生活是怎样的

既然全国没有半个学校的教育，我国民自“童年”以至“青年”最

宝贵的一段光阴，所受的生活熏染是怎么样的呢？

……若其髫龄嬉戏之时，习安房闼之中，不离阿保之手。耳目之间所日与为缘者，舍床笫、筐箧、至猥极琐之事，概乎无所闻见。其上焉者，歆之以得科第，保禄利；诲之以嗣产业，长子孙；斯为至矣。故其壮也，心中目中，以为天下之事，更无有大于此者。万方亿室，同病相怜；冥冥之中，遂以酿成今日营私趋利，苟且无耻，固陋野蛮之天下，……且恬然不以为怪。故试取西人幼塾乳臭之子，与吾此间庞壮硕老之士大夫相掣，其志趣学识，必有非吾此间此辈之所能望者！岂其种之特异哉，无亦少而习焉者之不得其道也。……（《论女学》）

或者说：梁氏所描写的，还是中上阶级社会中青年子弟所遭际的情形，自然还有更惨于此的下层社会的贫苦子弟，他们所受的生活熏染是怎样的呢？那在清末还没有描绘此类的速写，我只有请你读一读后来鲁迅《呐喊》集的《阿Q正传》、《药》两篇文章来弥补这遗憾。

……遗风相传下来，江南的小康子弟，在老祖母的监护之下，谆谆地教训他道："不许上鸦片馆，可以在家设灯盘，抽大烟。不要去嫖，可以拣一个合意的'丫头'或'窑姐'讨一房小婆娘伴着你。"这类的慈训，社会上都是称为"教子有方"的。不多几年，这白面少爷，已经是弄到骨瘦如柴，家产荡尽，先于老祖母而死了。等到"教子有方"的这位老太太死时，无棺可敛，躺着尼姑庵的"施棺材"而了结。这类为社会家庭葬埋的青年，作者的眼内，还亲见小小一乡镇内有数十件之多。

鲁　迅

吸食鸦片之风

十四　青年教育是怎样的

如果家内出了有志青年，那么也有“黄卷青灯，十年苦读”的学子。

但是我们来看看他埋头十年，疲精竭神，所下苦功的对象，是什么东西呢？就是所谓“八股文”、“八韵诗”。“八股文”这神秘的名称，我们听得烂熟，究竟是怎么一回事呢？

杨深秀

……明中叶以后，始盛行四股、六股、八股，破、承、起讲之格。虽名为说经之文，实则本唐代诗赋。专讲排偶声病。如宋元词曲，但求按谱填词。而芜词谰言，骈拇枝指，又加甚焉。……格式既定，务使千篇一律；稍有出入，即谓之不如格。是以习举业者，陈陈相因，涂涂递附；黄茅白苇，一望皆同。限以“三百”“七百”之字数，拘以“连上”“犯下”之手法。虽胸有万卷，学贯三才者，亦必俯就格式，不许以一语入文。其未尝学问者，亦能揣摩声调，敷衍讲章，弋获巍科，坐致高位。……（杨漪春侍御奏稿：《请厘定文体折》）

到清末更可笑了，更可杀了，竟以“游戏文章”公然作为国家登进人才的标准。而其游戏的下流不通，还远在“灯谜”、“诗钟”、“酒令”、“牙牌”之下！全国白昼跳踉着这种文妖，真使人感觉着“清室不亡，是无天理”的！

> ……更有甚者，各省岁科、童试、县考、府考、院考，多出“截上”、“截下”、“无情”、“巧搭”等题（例如“子见南子，自牖执其手”之类，割裂经文，渎侮圣言。……而各省沿用，毫不为怪。此种文体，……起、承、转、收、擒、钓、渡、挽，其法视文网为尤密，其例视刑律为尤严。遂使天下百千万亿之生童，日消磨精力于此等手法之中，舍纤仄机械之外，无所用其心，恐有旁骛而文法因以疏也。舍“串珠”“类腋”之外，无所用其学，恐有博涉而文体因以杂也。……（杨漪春侍御奏稿：《请厘定文体摺》）

这位因变法而丧首的戊戌六君子之一——杨深秀，于是喟然长叹道：

> ……夫天下之士子，莫多于生童也。盈廷之公卿，皆起自生童也。而其用心及其所学如此！驱天下有用之才，而入于无用之地；一旦而欲举以任天下之事，当万国之冲，其可得乎！……（同上）

至于“八韵诗”的内容，尤为无味，不必多讲，而其最荒谬可笑者，以现代人之方音，而必须押隋、唐时代之韵脚，无理取闹如此，而反认为天经地义。所以声韵是用脑筋来硬记的，不用耳朵来听的！以致名震一时的老诗人，往往闹出“出韵”的笑话：

> 湖口高碧湄大令心夔，少有才名；其骈文书法及散体诗，均造深际。……殿试两次出韵，皆在“十三元韵”中；遂列四等。衡阳王纫秋闿运，赠以诗曰“平生两四等，该死十三元！”（《庸盦笔记》）

这真是活埋青年、活埋天才的秦坑！

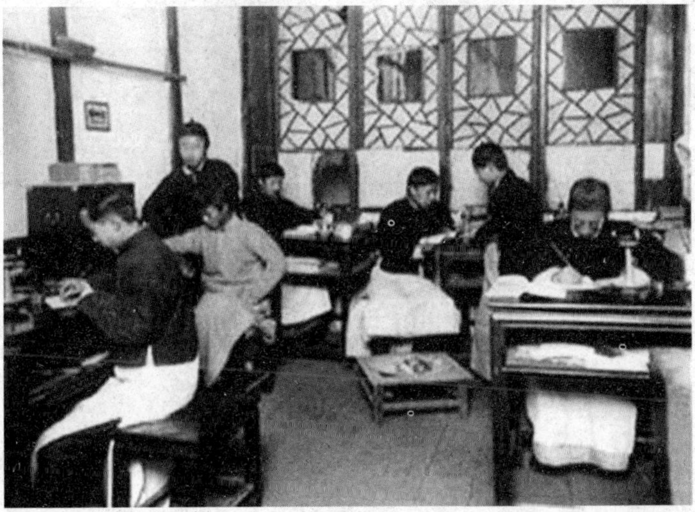

成都四川高等学堂（今四川大学前身）自习的学生，他们桌上都放着一盏油灯

十五　官办“洋学堂”是怎样的

后来，满清政府也来办“洋学堂”了。可是人民说：“上洋学堂，会给洋人挖去眼睛的”，绝对不来。小康之家以上的“爷们”，更是闻“洋学堂”之名而唾口水！梁氏记着：

> ……前清末年办学堂，学费、膳费、书籍费，学堂一揽千包，还倒贴学生膏火；在这种条件底下招考学生，却是考两三次还不足额。……好像拉牛上树！（《十年双十节之乐观》）

“洋学堂”里像“拉夫”一样的拉到了一批不三不四的学生了，以后又怎么样呢：

胡 适

……但教方言以供翻译，不授政治之科，不修学艺之术，能养人才乎？科举不变，聪颖子弟，皆以入学为耻，能得高材乎？如是则有学堂如无学堂。且也，学堂之中，不事德育，不讲爱国，故堂中生徒，但染欧西下等人之恶风，不复知有本国。贤者则为洋佣以求衣食，不肖者且为汉奸以倾国基！如是则有学堂反不如无学堂。……（《政变原因答客难》）

可不是吗，梁氏的预言，竟成为仙谶，当年北洋官费留美培植出来的学生陈锦涛，老而不死，竟“为汉奸以倾国基”！而且，后来比较规模像样的学堂，闹得也有督办、总办、会办、坐办各大员的怪象。除了坐办算是坐在校内像个校长模样以外，督办大臣等，都是“身滞京邸”而遥遥指挥沪、宁各校。譬如南洋公学的监督、总办等，换了八九个，终未出北京一步。至唐文治始毅然出京莅校，一时惊为奇事，而有“模范堂长”之颂！

那时“文化界现形记”的电影，如此如此。所以，中山先生要手创学校于日本横滨，后来就交给梁氏去办理，此即名震一时的大同学堂。

严复翻译了英国生物学家赫胥黎的《天演论》，为该书写序，并于 1897 年 12 月在天津出版的《国闻汇编》刊出。

第四节　梁氏后来对于祖国命运的影响

在这样地狱底层的教育状况，向后再看看康有为的万木草堂，虽然不过是一座规模较大的“经馆”，虽然《草堂学则》上所定的课程依然不脱顽固老儒的气味，而在当时，谁也目为这是地狱底层第一盏点起的明灯。再往后看看陈宝箴、黄遵宪、江标、熊希龄、梁启超、谭嗣同、唐才常等在长沙合办的时务学堂，那便算地狱底层的火炬了。至于被迫而敷衍的钦办京师大学堂，那又是一座老翁高坐的衙门。捐监入学的尾闾，与“学问”二字，如风马牛。一直要等到蔡元培先生来做校长，才算整顿而上轨道。

十六　文体的改革

若论文体的改革，梁氏的功绩，实在是他最伟大的所在。梁氏之后，胡适送他的挽联说：

文字成功，神州革命！
生平自许，中国青年。

继梁氏而起，而作更进一步的文体改革者，便是胡氏。所以胡氏对于任公这点上的功绩，认识得特别清楚。不错，你看了前面杨深秀所描绘、全国青年所摇头摆腰而吟哦的八股文，其内容的妖模怪样，肮脏龌龊，已经领教过了；若再跳出圈子来看看当年一班青年文豪，各家推行着各自的文体改革运动，如寒风凛冽中，红梅、腊梅、苍松、翠竹、山茶、水仙，虽各有各的芬芳冷艳，但在我们今日立于客观地位平心论之：谭嗣同之文，学龚定庵，壮丽顽艳，而难通俗。夏曾佑之文，更杂，庄子及佛语，更难问世。章炳麟之文，学王充论衡，高古淹雅，亦难通俗。严复之文，学汉魏诸子，精深邃密，而无巨大气魄。林纾之文，宗绪柳州，而恬逸条畅，但只适小品。陈三立、马其昶之文，祧祢桐城，而格局不宏。章士钊之文，后起活泼，忽固执桐城，作茧自缚。至于雷鸣潮吼，恣唯淋漓，叱咤风云，震骇心魂；时或哀感曼鸣，长歌代哭，湘兰汉月，血沸神销，以饱带情感之笔，写流利畅达之文，洋洋万言，雅俗共赏，读时则摄魂忘疲，读竟或怒发冲冠，或热泪湿纸，此非阿谀。唯有梁启超之文如此耳！

即以梁氏一人之文论，亦唯有“戊戌”以前至“辛亥”以前（约1896—1910）如此耳。在此十六年间，任公诚为舆论之骄子，天纵之文豪也。革命思潮起，梁氏的政见既受康氏之累而落伍，梁氏有魔力感召的文章，也就急遽的下降了。可是就文体改革的功绩论，经梁氏等十六年来的洗涤与扫荡，新文体（或名报章体）的体制、风格，乃完全确立。国民阅读的程度，一日千里，而收获神州文字革命成功之果了。

《时务报》

慈禧扮观音，自比为“大慈大悲救苦救难”的菩萨，打扮成观音模样拍照。她身穿团花纹清装或团形寿字纹袍，头戴毗卢帽，外加五佛冠，左手捧净水瓶或搁在膝上，右手执念珠一串或柳枝。

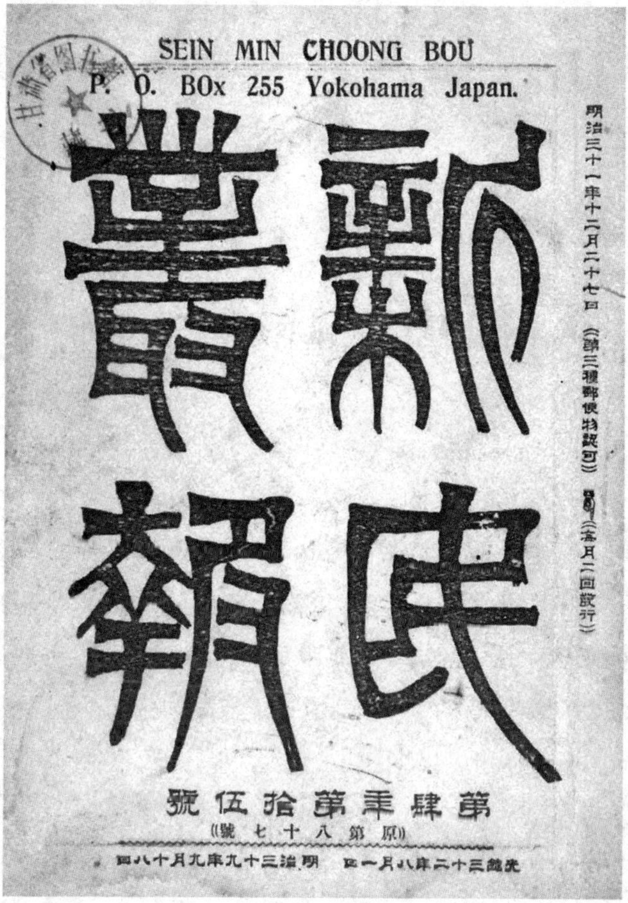

《新民丛报》

十七　报纸的改革

除学校外，推进文化唯一的利器，则为报馆。辅助教育，启发民众，指导社会，介绍新学，宣传主义，主持公论，监督行政，纠弹非法，为民喉舌，……这许多神圣工作，都要靠报纸来负责实行。然而清末的报界状况又怎么样呢？凡是没有“洋人”与“租界”的都会，一概没有报纸：

……京都首善之区，而自联军割据以前曾无报馆，此真天下万国之所无也。每省之幅员户口，皆可敌欧洲一国，而除广东、福建外，省会之有报馆者无一焉。此亦世界之怪现象矣。……（《清议报一百册祝辞》）

有“洋人”与“租界”的都会，才有模仿洋人而办华文报纸的。梁氏说：“近年以来，陈陈相接：惟上海、香港、广州三处，号称最盛。……”然而这类操于出身八股的无聊“文丐”之手的华文报纸，内容又怎样呢？

……每一展读，大抵：“沪滨冠盖”、“瀛眷南来”、“祝融肆虐”、“图窃不成”、“惊散鸳鸯”、“甘为情死”等字样，阗塞纸面，千篇一律。甚者乃如台湾之役，记刘永福之娘子军！团匪之变，演李秉衡之黄河阵！明目张胆，自欺欺人：观其论说，非“西学原出中国考”，即“中国不亡是无天理论”也。辗转抄袭，读之唯恐不卧！……”（同上）

我想现代有志青年，看着这样呕饭而又痛心的报纸，也要读之唯恐不卧！

十八　新兴各报述评

报纸的改革，与文体的改革，是有不可分离的关系。当时梁氏创办《时务报》、《清议报》、《新民丛报》、《国风报》等于上海及日本。黄遵宪、谭嗣同、唐才常等创办《湘报》于长沙。陈范、蔡元培、章炳麟、章士钊等创办《苏报》于上海。严复、夏曾佑等创办《国闻报》于天津。日本留学生创办《译书汇报》、《国民报》、《开智录》等于东京。张继等创办《国民日日报》于上海。其他为中山先生所领导的革命团体，在国内、国外创办了大量的日报与杂志，如《中国日报》（香港）、《民生日报》（檀香山）、《大同报》（旧金山）、《中兴报》（新加坡）、《革命军》（邹容作）、《惨世界》（苏元瑛作）、《荡虏丛书》（章士钊编）、《陆沈丛书》（陈去病编），《黄帝魂》（上海）；及《汉帜》、《汉声》、《江苏》、《浙江潮》、《新湖南》、《警世钟》、《二十世纪之支那》（东京）等。就形质言，收获了"报纸改革"的成功。就超越的意义言，同时收获了"文体改革"的效果，并且即文体的改革为工具，为利器，连带收获了"政体改革"的成功，以至"国体改革"的成功。

第二章 亡国景象与维新初潮

——从梁氏诞生至戊戌政变

如果梁启超十八岁就点了翰林的话，那么轰轰烈烈“戊戌政变”的主角，没有梁启超其人了。而梁氏如不经过十四年亡命生涯，那么这期间可泣可歌的雄文，也不会流传于天地间了。

第五节 综 叙

前清同治十二年，即公历一八七三年，梁启超生于广东省新会县崖山附近之熊子乡。字卓如，后来改字任公。别号饮冰室主人。

这一年，是怎样的一个年头呢？中兴伟人曾国藩已在前一年逝世，左宗棠已六十三岁，李鸿章已五十一岁。梁氏的重要师友：李端棻四十一岁，黄遵宪约三十四岁，康有为十七岁。现代史上主角与梁氏有关系者：乱世奸雄袁世凯十五岁，建国中山先生八岁。戊戌成仁六君子，可考者：杨深秀二十五岁，刘光第十七岁，谭嗣同九岁，林旭后一年生。梁氏晚年学友王国维后一年生，弟子蒋方震后七年生，蔡锷后八年生。尽碎鸦片战争以来中国所戴之枷锁，而地狱底层黑暗之中，始睹一缕祥光之涌现！

梁启超与他妻子、子女

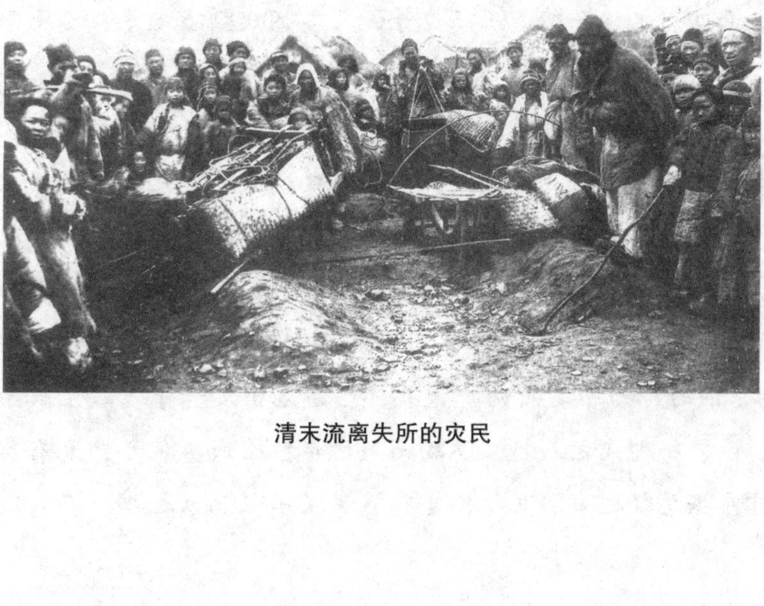

清末流离失所的灾民

第六节　亡国现象的种种

——梁氏生后的中国惨况

一九　祸根的溯源

此时就中国的命运而言，正如转巨石于危崖之上，一落千丈的衰颓，梁氏自述说：

……请看百年以来之事：乾隆中叶，山东教匪王伦之徒起，三十九年平。同时有甘肃马明心之乱，据河州、兰州，四十六年平。五十一年台湾林爽文起，诸将出征皆无功，五十二年乃平。而安南之役又起，五十三年乃平。廓尔喀又内犯，五十九年乃平。而五十八年，诏天下大索白莲教首领不获；官吏以搜捕教匪为名，恣行暴虐，乱机满天下。五十九年，贵州苗族之乱遂作。嘉庆元年，白莲教遂大起于湖北，蔓延河南、四川、陕西、甘肃，而四川之徐一德、王三槐等，又各拥众数万起事，至七年乃平。八年浙江海盗蔡牵又起。九年，与粤之朱濆合，十三年乃平。十四年粤之郑乙又起，十五年乃平。同年，天理教徒李文成又起，十八年乃平。不数年，而回部之乱又起，凡历十余年至道光十一年乃平。同时湖南之赵金龙又起，十二年平。天下凋敝既极，而鸦片战役又起矣。十九年英舰始入广东。二十一年取舟山、厦门、定海、宁波、乍浦，攻吴淞，下镇江。二十二年结《南京条约》乃平。而两广伏莽，已遍地出没毋宁岁。至咸丰元年，洪、杨遂乘之而起，蹂躏天下之半！而咸丰七年，复有英人入广东据总督之事。九年，复有英法联军犯北京之事。而洪氏据金陵凡十二年，至同治二年始平。而捻党犹逼京畿，危在一发，七年始平。而回部、苗疆之乱犹未已，复血刃者数载，及其全平，已光绪三年矣。（《新民说·论进步》）

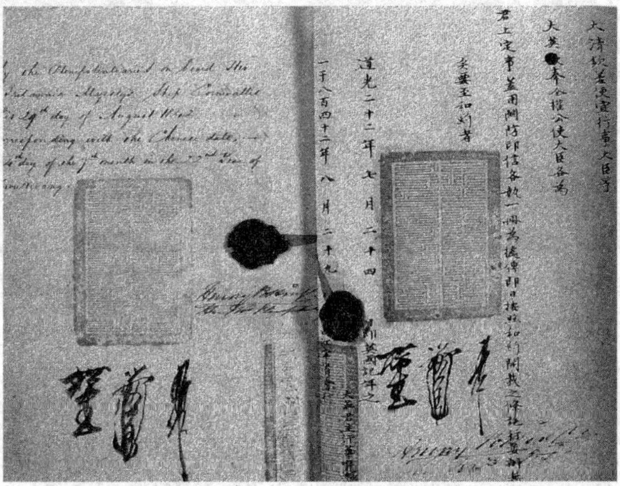

《南京条约》中英文约本接缝处，两国代表签字

二十　延续的天灾人祸

梁氏未生以前的中国国运如此，祸根延续，梁氏既生以后的国运何如呢？

……自同治九年天津教案起，尔后民教之哄，连续不绝。光绪八年，遂有法国安南之役，十一年割送安南始平。二十年，日本战役起，二十一年割送朝鲜、台湾，结《马关条约》始平。二十四年广西李立亭、四川余蛮子起，二十五年始平。同年，山东义和团起，蔓延各省，几至亡国；为十一国所挟，二十七年结《辛丑条约》始平……（同上）。

这仅就战争流血等惨史而言，而且偏重于内乱方面的。

《辛丑条约》的签订

二十一 此年的国际形势及世界大势

至于就梁氏生后的世界大势及国际形势去观察一下：这一年（1873），美国南北战争平定，重告统一，已经八年，“挤入列强之林”了；日本明治即位，维新成功，已经六年了；苏伊士运河开通，英国握世界海权，已经四年了；普法战争终止，德国一跃为世界巨强，已经三年了；意大利马志尼、屈黎波的二杰，进军罗马，以后卒造成意国统一之基，正在这年。这许多列强，此时都成为天之骄子，而合力以对付这东亚老朽昏庸而遗产丰富的中国！大者则截肢体，小者则割一脔，而中国就无辜受着“车裂”及“凌迟”之惨刑！小者如“租界”、“租借地”，今姑不复叙述。其较大而割一肢一体者，如下表：

二十二 中国遭受瓜分的“史迹表”

咸丰十年（1860）　　割东海滨省及库页岛于俄。

同治三年（1864）　　俄私取我中亚藩属地塔什干（Tashkand）。

六年（1867）　　俄私取我中亚藩属地撒马尔罕（Samarkand）。

时局图

七年（1868）　俄灭我侨民建立之中亚藩国布哈尔（Bukhar-Khan）。

十一年（1872）　俄灭我侨民建立之中亚藩国基华（KhivaKhan）。

光绪二年（1876）　俄灭我侨民建立之中亚藩国浩罕（Khokand-Khan）。

五年（1879）　日本私取我六百年太平洋藩国琉球。

十一年（1885）　法割我秦汉以来已成内地之安南全部。

同年（1885）　英法瓜分我中南半岛之藩国南掌。

十二年（1886）　　英灭我滇民建立木梳部朝之缅甸全国。

廿二年（1896）　　日本割我藩国朝鲜及内省台湾。

二十三　帝俄侵华的阴谋

舐糠及米，剥床及肤，到了十九世纪除夕（1899）的前夜，那风声愈传愈紧，中国已成为列强俎上之肉，只待手起刀落而已！梁氏说：

> ……曾不知“支那股份之票”。已骈阗于西肆。“中国瓜分之图”，已高张于议院！……（《南学会叙》）

明年（1900），二十世纪开始，果然全世界十一国联军共陷中国的首都！这真是“开刀大吉”的时候了。然而何以忽然又不瓜分了呢？别的原因虽有，而其中最大的秘密原因，是俄、日两帝国都怀着不可告人的鬼胎、野心，妄想独吞中国，而暗中加以破坏。帝俄当时的妄想独吞中国，可以从东三省占领后绝对不肯撤兵，及后来与李鸿章签订中俄密约二事来证明。

二十四　暴日蓄志亡华的野心

至于日本。人家都以为它近年来才开始蓄意妄想独吞中国，但在八十年前，当日本还是一个闭关自守、微弱贫困、“显微镜下的小国”的时候，已经企图“巴蛇吞象”，“蚍蜉撼树”，早已想独吞中国，“为中华主”了。你或者要吃一惊吧？

蛮徒丰臣秀吉，我们不必再谈。名闻一时的维新首动的志士吉田松阴，不分国界，我们是何等敬重他啊！但他在狱中所著的《幽囚录》中，明明白白的说：

梁启超故居内

……今急修武备，舰略具，炮略足，则宜开发内诸侯。乘间夺加模、察加、澳都加。谕琉球朝贡。会同内诸侯。责朝鲜纳质、奉贡，如古盛时。北割满州之地。南收台湾、吕宋诸岛。渐示进取之势。然后爱民养士，慎守边围，则可谓善保国矣。……

这是第一步骤，但还想步武辽金之对付南北宋。所以帖中便毫不讳言讲第二步骤，说：

……培养国力，兼弱攻昧；割取朝鲜、满洲，并吞中国。所失于俄、美者。可取偿于朝鲜、满洲……

你看八十年来日本凶恶的政客与军阀，所有的一举一动，哪一件不按照着吉田松阴的遗志，按谱踏拍在那里进行！

还有一个比较吉田松阴时代略前的志士，名佐田信渊。他的名著《混同政策》，里面说：

> ……凡侵略他邦之法，必自弱而易取始。当今世界万国中，我日本最易攻取之地，无过于中国之满洲者。何则？满洲之地，与我日本之山阴、北陆、奥羽、松前等处，隔一衣带水，遥遥相对。距离不过八百里，其势之易于扰乱可知也。故我帝国何时方能征讨满洲，取得其地，虽未可知；然其地之终必为我有，则无可疑也。夫岂但取得满洲已乂！支那全国之衰微，亦由斯而始。既取得鞑靼（指蒙古地）以后。则朝鲜、中国，皆次第可图矣！……

我们读了这样明目张胆的“吞华论”，回头来看什么“田中奏折”内所说的，欲征服世界，必先征服中国；欲征服中国，必先征服满洲，就可不必惊怪。因为这不过是日本八十年来上上下下人人暗诵的一句口头禅罢了。

如果有人推诿说，这是在野志士的言论。那么在朝诸侯的言论何如呢？诸侯岛津齐彬评论李鸿章的割弃安南事，说：

> ……不图清国一弱至于如斯也！以彼地广人众，岂无忠臣义士！而鸦片战争以后，政治仍然不整。内有长发之扰，外被英、法之侵；割地请和，天子蒙尘，谓非耻辱之大者耶？我国介在东陲，诚不可不早为之备。英、法既得志于清，势将转而向东。先发制人，后发制于人。以今日之形势论，宜先出师，取清之一省，而置根据地于亚东大陆之上。内以增日本之势力，外以昭勇武于宇内！则英法虽强盛，或不敢干涉我矣。夫清国沿海诸地，关系日本国防者，唯福州为最。取而得之，于国防有莫大之利益焉。况清人与日本人异，苟兵力足以制其民，则无不帖然服从！彼英、法远隔重洋，尚不惮用兵之劳以取之，况我日本乎。……

然清国素以地广人众，傲慢自尊，视日本如属邦！……故我之入手第一着，当以防外夷之攻略为上策。或助明末之遗臣，先取台湾、福州二地，以去日本之外患。虽取此二地，即我萨隅之兵已足。唯无军舰则不足以争长海上。故当今之计，又以充实军备为急图。

李鸿章（1823—1901），安徽合肥人，亦称李合肥，本名章桐，字渐甫或子黻，号少荃（泉），晚年自号仪叟，别号省心，谥文忠。作为淮军创始人和统帅、洋务运动的主要倡导者之一、晚清重臣，他官至直隶总督兼北洋通商大臣，授文华殿大学士。

现在也有人说，李鸿章对于安南之役，收拾得如此潦草，结束得如此荒唐，土地割送得如此轻松而巨大，宁受中外同声的唾骂而不恤，正是因为李氏那时已经秘密探到日本吞华的国策，巨祸将发于肘腋之间，故其外交重点，突然离法而谋日。此说是否正确？现在还无法证明。但安南之役以后，中日二国都开始竞争“新海军”的创建，那倒是有目共睹的事实。

要说当时日本吞华的野心，中国方面完全不知道，那也绝非事实所宜有。汉学甚深、道德甚高的犬养毅氏，和孙、康、梁，都是至交。但他也会亲向任公吐出肺腑之言：民国纪元前十三年——一八九九年，梁氏有澳洲之游，往拜犬养木堂：

……犬养木堂（毅）语余云“日本今无事可做，唯将投身于亚洲大陆耳！”……（《饮冰室诗集·壮别二十六首中自注》）

这话是在庚子八国联军之役的前一年说的。由此可知，纵然中国无拳匪的内乱，纵然全世界列强都要保全中国，而日本的居心，无论有道德、崇汉学的学者，以及吃人肉、亡人国的军匪。人人都毫不留情地要吞中国而帝中华！我现代多血多泪的有志青年啊！如果你生长在这时候，你将要如何的悲愤切齿、奋发淬砺啊！

第七节　梁氏幼年的家庭生活及家乡环境

二十五　镌留着悲壮史迹的“崖山”熊子乡

熊子乡——这梁氏降生的地点，也足够刺激梁氏一生之荣誉和热血。何以故？梁氏自己就曾说过：

余乡人也，于赤县神州有当秦、汉之交，屹然独立群雄之表

"南长街 54 号"是梁启超、梁启勋兄弟二人共同营筑的居所，梁氏两个大家庭在这里度过了十余年相濡以沫的光阴。

数千年，用其地与其人，称蛮夷大长！留英雄之名誉于历史上之一省。于其省也，有当宋、元之交，我黄帝子孙与北狄异种血战不胜，君臣殉国，自沈崖山！留悲愤之纪念于历史上之一县。是即余之故乡也。……余实中国南端之一岛民也。……（《三十自述》）

梁氏以一"数百年栖于山谷"而为"岛民"之特质，而自幼即受本乡过去"光荣"和"悲痛"两大纪念之刺激，梁氏一生命运"种子的薰习"，即奠基于此时。

二十六　祖榻上的口训

他脑海薰习中所受最早、最洁、最纯和一生印象最深的，当推他祖父梁维济的口训。

余逮事王父者十九年。……王父爱余尤甚。四五岁，在王父及母膝下授四子书、诗经。夜则就睡王父榻，日与言古豪杰、哲人嘉言懿行。而尤喜举亡宋、亡明国难之事。津津道之！……（同上）

后来，梁氏虽然受“康党”所挟持，不能始终追随中山先生以倒满清，但他在光绪三十一年（1905）所发表的言论，竟是一个激烈的革命党！

……鄙人诚非有爱于满洲人也。……鄙人虽无似，一“多血多泪”之人也。每读《扬州十日记》、《嘉定屠城纪略》，未尝不热血溢涌！故数年前主张“排满论”，虽师友督责日至，曾不肯即自变其说。至今日而此种思想蟠结胸中，每当酒酣耳热，犹时或间发而不能自制。苟思有道焉，可以救国，而并可以复仇者，鄙人虽木石。宁能无歆焉！……（《伸论种族革命与政治革命之得失》）

像这种明确痛快的文章，真可与当时革命党的宣传品的笔锋，交相比美。严复批评“梁氏实为亡清代二百六十年社稷之人！”（见《学衡杂志》：严几道与熊纯如手书）。虽然未免推奖过甚，然而他的首先发难的功绩，实在是不容否认。而梁氏也曾说：

当光绪、宣统之间，全国有智识、有血性的人，可算没有一个不是革命党。但……手段却有小小差异：一派注重种族革命，说是只要把满洲人撵跑了，不愁政治不清明。一派注重政治革命，说是把民治机关建设起来，不愁满洲人不跑。……（《时事

杂论·辛亥革命的意义》)

这话可以代表当时多少有血性的人的意见，虽不可知；但无论如何，却确确实实可以代表梁氏个人当时的意志和行动。

二十七　开始离乡——睁开眼睛了

童年的梁启超，究竟不过是一个不见世面、孤栖山海的“岛民”，然则他后来一生的政治、民族、文化、……意识，是怎么样养成的呢？他虽然是一个聪明绝顶的天才：六岁，五经卒业。九岁，能做千言的文章。十二岁，便中秀才。可是天天所埋头钻研的，不过是“八股”。虽是他自己极其讨厌“八股”，然而不知天地间除了“八股”以外，还有所谓“学问”！他说：

……余自先世数百年，栖于山谷。族之伯叔兄弟，且耕且读，不问世事，如桃源中人。余生九年，乃始游他县。生十七年，乃始游他省。犹了了然无大志。梦梦然不知有天下事！余盖完全无缺，不带杂质之乡人也。……（《夏威夷游记》）

中了秀才以后怎么办呢？

……十三岁，始知有段、王训诂之学。大好之。……肄业于省会之学海堂。堂为嘉庆间阮元所立，以训诂、词章课粤人者也。至是乃决舍帖括（即八股），以从事于此。然不知天地间于训诂、词章之外，更有所谓“学”也。……（《三十自述》）

那时全国所通行的口号，连“灶下老婢”都知道的，叫做“穷秀才，

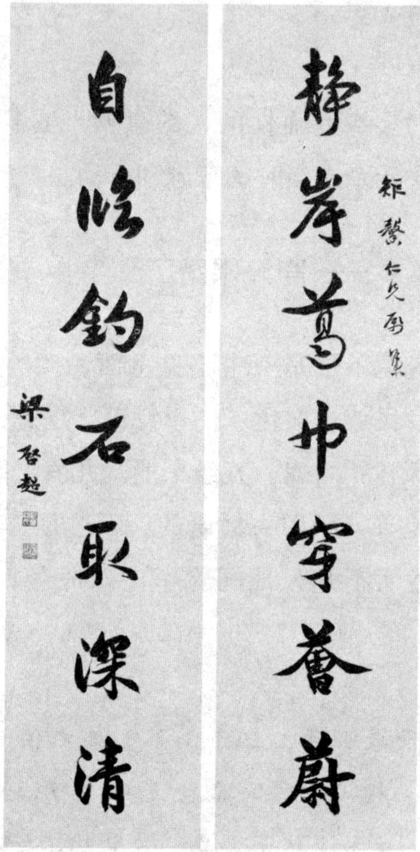

梁启超书法

富举人!”“一举成名天下闻!”中了举人，那还了得！而梁启超十七岁就中了举人。主考官为贵阳李端棻，酷爱这位青年新贵，却认为“国士无双”，打破社会地位的悬殊，就把他的妹妹许配给梁氏。并且就携挈着同赴北京去殿试。这回可下了第。好得很哩，如果梁启超十八岁就点了翰林的话，那么轰轰烈烈“戊戌政变”的主角，没有梁启超其人了。而梁氏如不经过十四年亡命生涯。那么这期间可泣可歌的雄文，也不会流传于天地间了。

下第归上海，购得《瀛寰志略》，才知道全球五大洲的形势及世界万国的部位大小，原来如此。于是索性把江南制造局所译的新书，大部是天、算、医、工、理、化等著作，不管懂不懂，都挪来硬读一顿，虽然不能消化，可是新生命和新血液。就此开始灌注入梁氏的体中了。

第八节　康梁会接

——关于思想、学术、政治的渊源

这里我们要叙说到梁氏的老师——决定梁氏半生命运的老师兼党魁，一位过渡时代必须牺牲的失败怪杰——叫做康有为的故事了。

二十八　康有为氏的速写

那绰号叫做“圣人为”或“康圣人”的怪杰，他是广东南海县人。出身于理学名门的宦族。原名祖贻，字广夏，号长素。少时受业于名儒朱九江先生甚久，——这位朱次琦是调和理学上的程朱、陆王两派而不讲考据的学者。康学终生以此为基础。但康是一位野心蓬勃、开展前进、活泼飞跃的人。而港粤又是西洋文明的精华及渣滓杂凑之地。康的前进欲与求知欲，大大感觉不够。于是一人独居在西樵山上四年，把那时译出来的西洋学说，“皆初级普通学，及工艺、兵法、医学之书，及耶稣经典……”等一顿乱读，又乱读一顿佛经，乱翻一顿九通。便自以为“学贯天人”，思通六教，包罗古今中外，新旧博通，“内圣外王”的盖世奇才、通人、大儒了。其实，以他的这样毫无科学训练的脑筋，毫无基本科学的常识，一人在山，把西洋科学、印度佛学、中国经史理学，乱读杂翻，胡思玄想，忽然自以为“恍然大悟”，说出来那真是“妙不可言”！他不知道这不过是“知识欲的冲动”。而绝不是“求学问的正确轨道”。然而因其鹤立于一般“冬烘秀才”、“腐朽大老”之上，致养成他“予智自圣”的夸大狂态度，不肯随时代而进步，到底被时代所遗弃而消杀！哀哉！那时候康氏才二十八岁。

这大胆勇猛的“圣人为”，“自光绪十五年（1889），即以一诸生伏阙上书极陈时局，请及时变法以图自强。……甲午败后，又联合公车千余人，上书申前议。……自此以后，四年之间，凡七上书。其不达也如故，其频上也如故。举国流俗非笑之、唾骂之，……先生若为不闻也者。……（《南海康先生传》）。他的“热诚”与“胆气”，倒真可佩服。

二十九　万木草堂的内容

康氏就在这上书不达的时候，在广州长兴里万木草堂，开门讲学。这颇着一时盛名的长兴学舍，虽然仍是以前“书院”的形式，而智德体三育并重和课程的分设，颇有后来文法科大学的规模。他自任“总教授”，“总监督”。另设“博文科学长”，类似教务长。“约礼科学长”，类似训导长。“干城科学长”，类似军训及体育主管。“书器科监督”，类似图书馆长。他们的课本是：宋元明儒学案、二十四史、文献通考……。“凡学生，人置一劄记簿，每日各自记其内学、外学，及读书所心得，时事所见及，以自课。每朔则缴呈之，先生（康）为之批评焉”（《南海康先生传》）。

康有为

长兴学舍教育大纲

- 学纲
  - 志于道
    - 格物
    - 克己
    - 励节
    - 慎独
  - 据于德
    - 主静出倪
    - 养心不动
    - 变化气质
    - 检摄威仪
  - 依于仁
    - 敦行孝弟
    - 崇尚任恤
    - 广宣教惠
    - 同体饥溺
  - 游于艺
    - 礼
    - 乐
    - 书
    - 数
    - 图
    - 枪
- 学科
  - 义理之学
    - 孔学
    - 佛学
    - 周秦诸子学
    - 宋明学
    - 泰西哲学
  - 考据之学
    - 中国经学　史学
    - 万国史学
    - 地理学
    - 数学
    - 格致学
  - 经世之学
    - 政治原理学
    - 中国政治沿革得失
    - 万国政治沿革得失
    - 政治实应用学
    - 群学
  - 文字之学
    - 中国词章学
    - 外国语言文字学
- 科外学科
  - 校中
    - 演说（每月朔望课之）
    - 劄记（每日课之）
  - 校外
    - 体操（每间一日课之）　游历（每年假时课之）

三十 长兴学舍的教育大纲表

兹记录当时长兴学舍的教育大纲，造一学表（见上页）。

梁氏因陈千秋（通甫）、曹丁泰（著伟）二志士的介绍，脱离了陈腐过时的学海堂而转学入这新鲜自由的长兴学舍，且惊且喜，就在这样的“学风”与“学科”之下，受深刻熏染者四年。

第九节 梁氏独立事业的开始

三十一 中国新青年的群英会——湖南新政开幕

四年以后，光绪二十三年（1897），湖南巡抚陈宝箴、按察使黄遵宪、提学使徐仁铸。前使江标，厉行新政。辅助他的。有那时号称“四公子”之二：陈三立、谭嗣同，和在籍名流熊希龄等。为培养新人才起见，特创办时务学堂，聘梁启超、谭嗣同、唐才常三人总主学务，梁氏又为领袖。所有一切的学纲、学课、学风，都是脱胎于长兴学舍而来，稍微加以变化罢了。

三十二 长沙时务学堂的内容及其贡献

何以证之？梁氏记“南海先生长兴学记”，演其始教之言，说：（一）立志（二）养心（三）读书（四）穷理（五）经世（六）传教（七）学文（八）卫生（《万木草堂小学学记》）而他在四年后主办长沙时务学堂时，所公布的学约也说：

……一曰立志。……二曰养心。……三曰治身。……四曰读

时务轩为纪念清末维新派创办的时务学堂而筑的纪念性建筑，内嵌有梁启超《时务学堂故址》，李肖聃《跋》、李况松《跋》、陈云章《记》、黄曾甫《时务轩记》等碑刻。

书。……五曰穷理。……六曰学文。……七曰乐群。……八曰摄生。……九曰经世。……十曰传教。……

……凡学者每人设劄记一册，分“专精”、“涉猎”二门。每日必就所读之书，登新义数则。其有疑义，则书而纳之待问匭以待条答焉。其详细功课，别著之学校报中。……每刚日，由教习随举西书格致浅理，或目前事理数条以问之，使精思以对。……每柔日，由教习随举各报所记近事一二条，问诸生以办法，使各抒所见（皆以笔谈）。……每月以数日为同学会讲之期，诸生各出其劄记册，在堂互观。或有所问，而互相批答。上下议论，各出心得，其益无穷，凡会讲以教习监之。……（《湖南时务学堂学约》）

……时务学堂，……国中学校之嚆矢。……学科视今日殊简陋，除上堂讲授外，最主要者为令诸生作劄记，师长则批答而指导之。发还劄记时，师生相与坐论。时吾侪方醉心民权革命论，

> 日夕以此相鼓吹。劄记及批语中，盖屡宣其微言。湘中一二老宿，睹而大哗！群起掎之。新旧之哄，起于湘而波动于京师。御史某（按即杨崇伊）刺录劄记全稿中触犯清廷忌讳者百余条，进呈严劾；戊戌党祸之构成，此实一重要原因也。……（《时务学堂劄记残卷序》）

在这样一种不拘形式，而朝气蓬勃、精力充沛、乐趣的、进取的学风之下，自然能够造就出非常奇伟的人才来。当初时务学堂第一班的学生只有四十人，而五分之二都成了革命先烈，或开国名人。庚子汉口革命之役。教习唐才常率领学生林圭、李炳寰、田邦璿、蔡钟浩、傅兹祥等二十余学生，受着孙、梁共同的指挥，联合会党举义兵不成，踏着“戊戌六君子”的碧血，而碎首成仁于国贼张之洞之手。以上六人，就是所谓“庚子六君子”！时务学堂第一班的学生已去了一半。那时四十门徒中，最小的一位蔡艮寅，只有十六岁，大家都很爱他，他便是我中华民国建国伟人中的一位，民四护国之役的元勋——蔡锷将军。门徒中最穷苦的，要推范源濂，他在开国时期，终身致力于教育事业：他在中国教育界、一般文化界及生物学界建设的成绩是决然不朽的。此外军事学专家蒋方震（百里），也是那时四十门徒之一。其余也不必枚举。总之，这样一种“设备不具”的学堂，竟培养了如此伟大、质量俱优的杰出人才，真是收获着“乐育英才”最大的成功。

我们试把其余通都大邑或租界上所矗立着的“洋楼官学堂”，挪来做一个对照。以“样子”论，他们是巍峨骄挺。以内容论，他们是：

> ……各省纷纷设学堂矣。而学堂之“总办”、“提调”，大率皆最工于钻营奔竞。能仰承长吏鼻息之“候补人员”也。学堂之教员，大率皆“八股名家”，弋窃甲第，武断乡曲之钜绅也。其

蔡锷将军

学生之往就学也。亦不过日“此时世装耳！此终南捷径耳！与其从事于闭房退院之诗云、子曰，何如从事于当时得令之 ABCD”。考选入校，则张红燃爆，以示宠荣。资派游学，则苞苴请托，以求中选。若此者，皆今日教育事业开宗明义第一章，而将来为一国教育之源泉者也。试问循此以往，其所养成之人物，……可以立于今日民族主义竞争之潮涡乎？……（《新民说·论进步》）

无怪乎严复、周树人（鲁迅）等，都要逃出海军学堂，章士钊、穆湘瑶、胡敦复等，都要逃出陆师学堂，此中症结，你就可以恍然大悟了。

三十三　启发新智的第二步骤——创学会

以上是叙述梁氏青年时代承康氏作风，所推行“维新”实际方法之第

章士钊

一步骤——办学校。

办学校，是专以培植继起的少年子弟，是储才以留待将来之用的。如果要急切改进一般成人的智识的头脑，启发目前蒙昧无知的社会。那么当另求方法。康、梁所应用的第二步骤是创学会。

会社，倒是中国固有的国粹，明末士大夫组织的复社、几社、应社、读书社，以及其他的××文会、××文社等，真像丛林一样矗立着，但都被满清入关后用“杀头的压道机”来压平了。到康有为乃重新兴起：

> ……凡讲学莫要于合群。盖以得智识交换之功，而养团体亲爱之习。自近世严禁结社，而士气大衰。国之日孱，病源在此！故务欲破此锢习，所至提倡“学会”。虽屡遇反对，而务必达其目的然后已。……（《南海康先生传》）

李剑农的《中国近百年政治史》上，也简要的叙述：

北京强学会遗址

……康氏宣传主义的方法，首先就是创立“学会”。……他在广西讲学的时候，曾经创立一个“桂学会”。丙申年在北京，遇到文廷式等一班名士，组织“强学会”；他就抓住这个强学会，推张之洞做会长。袁世凯也是强学会的赞成人。又设分会于上海，北京的强学会。并附设强学书局。……御史杨崇伊受人嗾使。说强学会的宗旨不正当，随即奏请把它封禁了。……后由御史胡孚辰奏请就强学书局改设官书局，李端棻又奏请推广学校，将官书局推广改为京师大学，就是北京大学的前身。……（《中国近百年政治史》第四章第三节）

强学会的后果，钜大难量，虽为朝廷所封禁，却正抬高它的身份。

……然自是“学会”之风遍天下，一年之间，设会百数！学者不复以此为大戒矣。……（《南海康先生传》）

梁氏所记，与李氏稍异，他说：

……乙未七月，京师强学会开，发起者南海先生；赞成者：陈炽、沈曾植、张孝谦、袁世凯等。余被委为会中书记员。不三月，为言官所劾，遭封禁。……（《三十自述》）

这是可以补正李氏的《中国近百年政治史》的。强学会封禁了！可是，不久（1897 年丙申）德国强夺胶州湾的巨波又压过来了。全国的文人士大夫，又沸腾起来，“保国”！“保国”！这样地赤手空拳，高声大喊。康有为紧紧抓住这时机，在京师号召“保国会”。这谁都不便再说“宗旨不正当”的鬼话了吧？于是康氏就把保国会的组织，尽量推广到各地方行省去：

张之洞

……先是，胶警初报，事变甚急。南海先生以为振励士气，乃“保国”之基础。……欲令各省志士各为学会，以相讲求，则声气易通，讲求易熟。……于京师先倡粤学会、蜀学会、闽学会、浙学会、陕学会……。而杨君锐实为蜀学会之领袖。君（林旭）遍谒乡先达鼓之，一日而成。以（戊戌）正月初十。开大会于福建会馆，闽中士大夫皆集，而君实为闽学会之领袖焉。及开保国会，君为会中倡始董事，提倡最力。……（《林旭传》）

林 旭

三十四 长沙南学会概述

正在这同一时间之内，陈宝箴、黄遵宪、徐仁铸在湖南推行新政；梁启超、谭嗣同、唐才常在长沙讲授新学；江标、陈三立、熊希龄等在夹辅维新。这一班人受到北京如此紧张的电浪，哪有不立刻响应之理！于是湖南的“南学会”大放光彩的成立起来了。谭嗣同被推为南学会的会长，有声有色的慷慨论天下事：

> ……君（谭氏）……独留长沙，与群志士办新政。……而以南学会最为盛业。设会之意，将合南部诸省志士，联为一起；相与讲爱国之理，求救亡之法；而先从湖南一省办起，盖实兼“学会”与“地方议会”之规模焉。地方有事，公议而行；此“议会”之意也。每七日大集众而讲学，演说万国大势及政学原理；此“学会”之意也。于时君实为学会长，任演说之事。每会，集者千数百人；君慷慨论天下事，闻者无不感动。故湖南全省风气大开，君之功居多。……（《谭嗣同传》）

1902年，蔡元培等创办爱国学社、爱国女学，改革教育、宣传革命。同年在上海白克路（今凤阳路）登贤里举行爱国女校开学典礼。后排左六为蔡元培。

看了上面的叙述，知道这南学会的作用，确系与众不同。它的本身的意义，是“推行地方自治机构”及“政治学会”。而就这“地方”的区域性质而言，那又不叫湘学会而叫南学会。目的在“合南部诸省”，不过“先从湖南办起”。如果真能容许它办到“地方有事，公议而行”八字，那么它兼有“立法权”与“监督权”。充其量“南部诸省”早不是清廷所有了。可是，天下事绝没有如此简单顺利的，不上半年，反动的旧力，如冷酷无情的北风怒吼南奔，这些灿烂微弱的昙花，一霎儿烟消云散了。

1902 年 11 月爱国学社开学典礼时的合影

三十五　“明”“暗”二力的闪电战

戊戌（1898）八月政变的失败，中国以前所有一切的微光与微温、种子与幼芽，都沉埋在冰河深渊中了。只剩几头“寒冰地狱的鬼王”，——那拉后、荣禄之流——冻血淋漓，在刀山上嚼中华青年的嫩骨！举头一望，但见一面是无数：赤身裸体，遮着红肚儿，画着八卦，挪着混天大旗、引魂幡、雷火扇、阴阳瓶、九连环、如意钩、火牌、飞剑、三尖钢叉、八宝法物的怪东西，蠕蠕而动，到处找“洋人”来杀。这就叫做“义和团”。一面是无数怒发冲冠、悲愤填膺的青年，怀着炸弹、手枪，甚至可以说是提着自己的头颅，踏着前人的血迹，前仆后继的起义，这就叫做

“革命党”。除了这二种实际行动的人物以外，赤手空拳“康、梁式”的维新志士，在国内已无活动的余地，只有亡命到海外去慷慨论天下事了。

以后所有的“学会”，都秘密含有革命的使命，与前期的学会，性质根本不同。公车上书式的最后一次集会，是庚子年上海张园所召开的国会，算是前期式学会的一个结束。

谭嗣同《狱中题壁》

当唐才常在上海组织“正气会”时，拳乱方始萌芽。未几，改为“自立会”，谋在长江一带起事，及至六月拳乱大作，北方名士如严复等，也避地南下至上海，唐才常便假保国会时的名义，运动在沪各省的维新志士，开会于张园，名之曰“国会”。到会的名流，有容闳、严复、章炳麟、宋恕、吴葆初、张通典、狄保元、马相伯、戢元丞、文廷式、沈荩、龙泽厚等，共约数百人。推容闳为会长，严复为副会长，唐才常为总干事。开会的时候，章炳麟当众把辫发剪去，表示对于满清决绝，颇耸动一般人耳目。其实这个会，参与分子很复杂，……大多数会员，不过震于“国会”“民权”等新说，乘兴来会罢了。……（《中国近百年政治史》六章二节）

公车上书

此后集会的中心，全中国都移在上海租界上了。而会中的主角。大抵都受有中山先生的感召，带有革命思想的了。譬如（1）戢元丞、秦力山……创设“新社”；（2）章炳麟、蔡元培、黄宗仰等创立“中国教育会”；（3）吴敬恒、蔡元培等创立“爱国学社”；（4）陈去病、刘光汉（师培）等创立“南社”；（5）钮永建等创立“军国民教育会”；（6）章炳麟、徐锡麟等创立“光复会”。黄兴、宋教仁、杨笃生等创立“华兴会”。那都是朝宗归海于中山先生的“兴中会”的。

三十六　推行维新的第三步骤——办报纸

康、梁因戊戌的打击，在国内所经营创办的学校与学会，既扫地无余，那么他们第三个步骤是什么呢？是办报。

“报”——本来是中国流行最早的，历代的“邸抄”，就是政府公报。至于现代新式报纸，那么滥觞于鸦片战争以后若干年，香港及上海侨居外人所办之报纸。康有为已经明白知道：学校、学会、报纸，是三位一体，互相为用，缺一不可的。所以当在北京办强学会时，特派梁氏办报，那时所办的报，艰苦卓绝得可敬，而简陋幼稚得可笑。

章炳麟

……甲午丧师以后，国人敌忾心颇盛，而苦瞢于世界大势。乙未夏秋间，诸先辈乃发起一强学会，今大总统袁公，即当时发起之一人也。……彼时同人……最初着手之事业，则欲办图书馆与报馆。袁公首捐金五百，加以各处募集，得千余金。遂在后孙公园设立会所。向上海购得译书数十种。而以办报事委诸鄙人（梁氏）。当时固无自购机器之力，且都中亦从不闻有此物。乃向售“京报”处托用粗木版雕印。日出一张，名曰“中外公报”。只有论说一篇，别无记事。鄙人则日日执笔为一数百字之短文，……当时安敢望有人购阅者，乃托售“京报”人随“宫门钞”分送诸官宅；酬以薪金，乃肯代送。办理月余，居然每日发出三千张内外。然谣诼蜂起，送至各家者，辄怒以目。驯至送报人惧祸，及悬重赏亦不肯代送矣。其年十一月，强学会遂被封禁。……（《初归国演说·鄙人对于言论界之过去及将来》）

这一事，是梁氏平生新闻事业开始的第一章；也是近代中国有正式意义的新闻开始的第一页。梁先生晚年还亲自对其昌说：“当时虽在极端艰难困苦之中。而兴趣极高。有时木版雕刻来不及印，甚至间用泥版凹文代印的，其可笑到如此，而同人等对之皆津津有至味。对于这报纸热烈帮助的，还有你们浙人张菊生（元济）、汪伯唐（大燮）、孙慕韩（宝琦）三公。”事隔三十年，梁先生对我讲述这段故事，还是眉飞色舞。因为那时的梁氏老早已经明白：“学校的对象，是培植青年后起人才。学会的对象，是联络成年智识阶级。报纸的对象，是启发社会一般民众”的原理了。所以京师的强学会，及“中外公报”，被封禁了，但这是初涌之潮，岂是人力所能遏制的！他们就转其帆以向上海。

《京报》

三十七　强学报与时务报

上海的强学会分会的情形，是怎么样的呢？初时由会中发行一种《强学报》，经济的支持是靠张之洞的。后来因为这《强学报》上常常不用“大清光绪……”纪年，而用“孔子降生……”纪年；这虽然可以说是模仿公历之以耶稣降生为纪年，但是把位张大帅骇慌了！不得不勒令禁止。这班维新志士，哪里肯休；刚刚碰到梁启超转帆南下，就紧握机会，由黄遵宪、汪康年、梁启超、麦孟华、徐勤等名义发起，总组《时务报》。公推梁氏任总主笔。梁氏得以自由发挥其文豪的天才，也就在此报。于是声名隆起，甚至并驾其师，而曰“康、梁”，也就在此时。更有一件趣事，梁氏的晚年学友——国际史学权威者王国维，此时正在时务报馆中当一名小书记，还没有资格和梁氏对面谈话呢！梁氏说：

强學報
第一號
孔子卒後二千三百七十三年
光緒二十一年十一月二十八日

《强学报》

丙申二月南下，得数同志之助，乃设《时务报》于上海，其经费则张文襄（之洞）与有力焉。而数月后，文襄以报中多言“民权”，干涉甚烈。其时鄙人之与文襄，殆如劳工者与资本家之关系。少年气盛，冲突愈积愈甚。（对于言论界之过去及将来）……

明年（1897）冬天，梁氏反抗资本家张之洞之压迫，便飘然远行，溯江而西，到长沙去大会群贤，轰轰烈烈地推行新政了。

又隔一年，便是戊戌（1898），梁氏重到北京，暂时脱离言论文笔生涯，参与实际政治运动，而演出一幕中国历史上划时代的、血迹永不磨灭的悲剧，就是人人所周知的所谓“百日维新”、“戊戌政变”了。

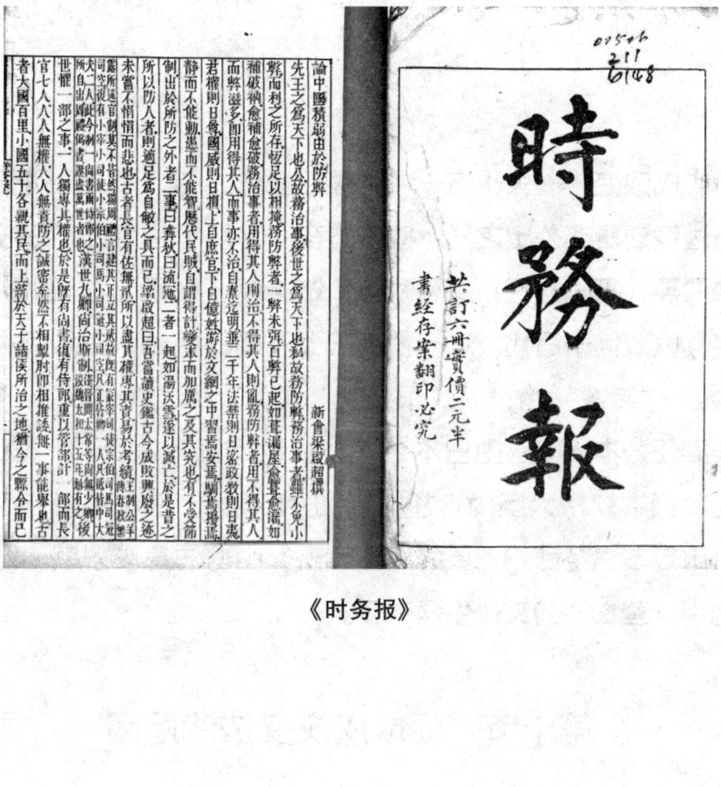

論中國積弱由於防弊　新會梁啟超撰

先王之爲天下也公故務治事後世之爲天下也私故務防弊務治事者雖不免小弊而利之所存恆足以相掩務防弊者一弊未弭百弊已起如葺漏屋愈葺愈漏如補破衲愈補愈破務治事者用得其人則治不得其人則亂務防弊者用不得其人而弊滋多即用得其人而事亦不治自秦迄明垂二千年法禁則日密政教則日夷君權則日尊國威則日損上自庶官下自億姓游於文網之中習焉安焉馴焉擾焉靜而不能動愚而不能智歷代民賊自謂得計變本而加厲之及其究也有不受節制出於所防之外者二事曰彝狄曰流寇二者一起如湯沃雪遂以滅亡於是昔之所以防人者則適足爲自敝之具而已梁啟超曰吾嘗讀史鑑古今成敗興廢之迹未嘗不悁悁而悲也古者長官有佐無貳所以盡其權專其責易於考績……世懽一部之事一人獨專其權也於是既有尚書復有侍郎重以管部計一部而長官七八人人人無權人人無責防之誠密矣然不相掣肘即相推諉無一事能舉也古者大國百里小國五十各親其民而上蒞於天子諸侯所治之地猶今之縣令而已

時務報

共訂六冊　價值二元半

書經存案　翻印必究

《时务报》

第三章　维新的失败与革命的成功

——自戊戌变法至梁氏亡命

戊戌政变——关于这一件中国近代史上的大事，我们现在处于时过境迁是非公出之后，应该站在“客观”的地位，好好地把这件要事，平心静气，探赜索隐，做一章“公平”、“正确”、的史文，以取信于后代。这一幕历史上不朽的名剧，在北京的，以“黄匣”“硃谕”始，以“银刀”“碧血”终，就此草草一结束。至于梁任公本人呢，由日本公使林权助受日政府令，严密保护：扬言“日本软察大臣内眷加国”，卫士呼殿，婢媪围绕，不令人窥。用专车送至塘沽，更由大岛兵舰，由塘沽直驶东京。在东京过他别一套亡命的文豪生涯去了。

第十节　促成戊戌变法的原因

三十八　综　述

今先简要阐述戊戌政变的原因。原因甚不简单，为提纲挈领起见，可先分为“外激的”、“内根的”两大类：

（甲）关于“外激的”原因，又可分为“远因”、“近因”两大组。

（乙）关于“内根的”原因，亦可分为“远因”、“近因”两大组。兹分别备述之。

三十九　外激的远因

（A）关于“外激的远因”，又可分下列四项述之：

梁启超纪念馆

（1）由于中国之闭关政策　康熙时代，那时西方的文艺复兴，科学发达，都还不久。康熙帝极力提倡欧洲文化，亲自学习拉丁文及代数，大量欢迎明末以来挟其科学而来华传教的、智德俱高的教士。一时中国吸收西洋文明，呈蓬勃之概，至少不在彼得时代的俄国之下。使能继续遵循此轨道，则中国之科学化、工业化，要提早三百多年！中国的国际地位和文化地位，后来决不至堕入地狱的底层！不幸，簸弄中国命运者——雍正，因为他私人皇位的暗争，无端牵涉到宗教团体的暗争。他恨一班西洋教士，帮助他“文明而又仁慈”的政敌哥哥，接位之后，把西洋的文化人，全数驱逐出国！两扇大门一闩，从此以后，中华全国成了隔绝世界的孤岛，全体民族成了伏居土穴的鼬鼠！世界天天在不断的进步，而满清宰制下的中国，“夜郎自大”，崇炫自己的文化，在那里闭着眼睛自吹自尊！譬如戴东原，这样自骄自夸的学者，竟说“中国古代的算术，高出于西算”！对于西洋一切一切的进步与发明，当然丝毫都不知道。郭嵩焘说了一句“现在的夷狄也有数千年文明”的话。京师的士大夫愤怒得发了狂！一八九七年（丁酉），意大利学者马可尼（Marconi）氏，已经发明无线电了，而在中国，也居然自称“学者”的叶德辉，正在同时大讲“五行之位首东南”，“五色黄属土，土居中央；中国人是黄种，天地开辟之初，隐与中位！”等童话——长胡须老头儿所说的无耻又无味的童话。如果长此闭关下去，再昏昏颠颠的睡一千年，那么又当别论。可是这紧闭的大门，给英国“海盗型”的鸦片商，用炮舰来轰得七穿八洞！逼迫你允许卧榻之旁最肥美的所在，不客气地由他们兴家立业起来。辱国丧权的愤慨以外，单就这三百年来文化的飞跃与落伍，双方觌面的对照，美丑之别，不是盲人，都要感觉到无比的自愧与难堪。尤其是南方各省为甚。不过这批八股文人。智识太低，自私太重，素无国家民族的观念，合群参政的习惯（这是要杀头的），从没有伟大不怕死的民众领袖，为之代言、宣发、组织、领导，来实地行动罢了。那时忍着难堪之耻，稍有血性的文人，正苦于“群龙无首”之时，康、梁、谭等恰恰适合那时“文人阶级”中大胆不怕死的领袖。所以康有为某一次在明杨椒山先生故宅松筠庵集合青年上书时，联名者约两千人。戊戌政变，可以说是闭关以后，中国文化突然落伍，受刺激的优秀民族，必然奋起的斗争。

（2）由于鉴于俄皇大彼得西化富强的歆羡　康氏第五次上书中，已经明白地条陈三策。上策——第一策，是：

> 取法于俄、日二国，以定国是……

在大彼得以前不久，蒙古人奴役下的俄国，那时还是一獉狉未开化的民族。大彼得正与康熙同时的，因他的不顾一切，实行欧化，居然二百年以后，跻身于世界列强之林，蚕食中国的藩土——整个中亚细亚及西伯利亚，而反使中国仰之为文明上邦。这当然是刺激中国变法维新的一个有利因素。

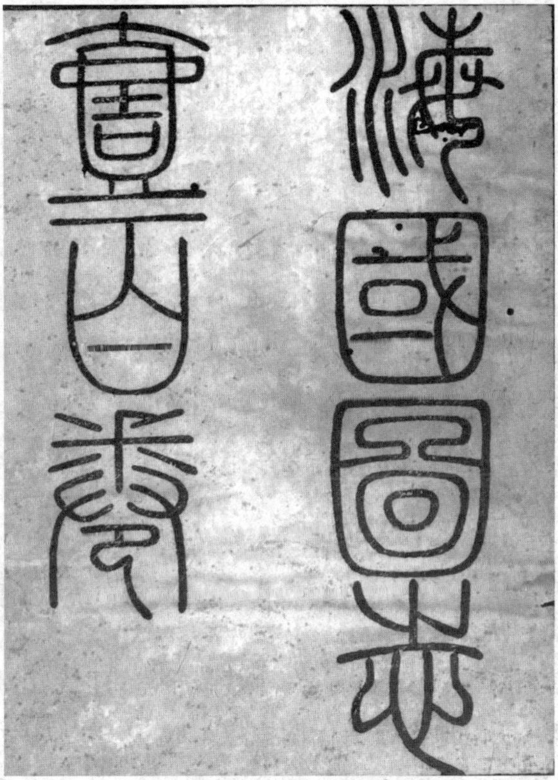

《海国图志》书影

（3）由于列强之集中环攻　自从普法战争以后，欧洲保持四十年的武装和平。虽然他们的帝国主义，一天高张一天；但是他们全部“贪欲的触须”，一齐伸展到远东的老大中国来，这是他们一致认为肥美而又丰饶的一块神秘的大地。

……欧洲人之言曰：支那者，世界之天府也。世界之天府，当与世界共之；非一种人之所得私也（此欧人瓜分主义）。亚洲人之言曰：支那者，亚洲之中坚也。亚洲之境壤，当亚洲自治之；非他种人之所得攘也（此日本独吞主义）。（《论日本东方政策》）

而日本有浮田和民者，著《日本帝国主义》一书，公然大声提倡日本独吞中国，他说：

……日本者，世界后起之秀，而东方先进之雄也。近者“帝国主义”之声，洋溢于国中；自政府大臣、政党论客、学校教师、报馆笔员，乃至新学小生、市井贩卖，莫不口其名而艳羡之，讲其法而实行之。试问今日茫茫世界，何处有可容日本人行其“帝国主义”之余地，非行之于中国而谁行之？……

这十九世纪的后半期，如七八猛兽，环伺一牛。戊戌政变，是这潜力尚大的牛救亡图存的一吼。

（4）船坚炮利政策之失败　远在鸦片战争结束时。魏源已经深深感到外力压迫之可畏。所以他作《海国图志序》文说：“是书何以作？曰：为师夷之长技以制夷而作。”在洪、杨之战时，就有一件重要而也有趣的故事：

有舍肥人刘姓，尝在胡文忠公（林翼）麾下为戈什哈。……尝言：楚军之围安庆也，文忠曾往视师，策马登龙山，瞻盼形势，喜曰：“此处俯视安庆，如在釜底，贼虽强，不足忧也。”既复驰至江滨，忽见二洋船鼓轮西上，迅如奔马，疾如飘风。文忠变色不语，勒马回营。中途呕血，几至坠马。文忠前已得疾，自是益笃，不数月，薨于军中。盖粤贼之必灭，文忠已有成算。及见洋人之势方炽。则膏肓之症，着手为难，虽欲不忧而不可得矣。阎丹初（敬铭）尚书，向在文忠幕府，每与文忠论及洋人，文忠辄摇手闭目，神色不已者久之，曰“此非吾辈所能知也”。……（薛福成：《庸盦笔记》荩臣忧国条。按：后来阎敬铭供给创办海军费，最为热心，殆即据此。）

《海国图志》作者魏源像

稍后李鸿章借戈登大炮之力，平定江南。他致书于曾国藩说：

西洋炸炮，重者数万数千斤，轻者数百数十斤。战守攻具，天下无敌。……俄罗斯、日本，从前不知炮法，国日以弱。自其国之君臣卑礼下人，求得英、法秘巧，枪炮轮船，渐能制用。遂与英、法相为雄长。中土若于此加意，百年之后，长可自立。……

这西洋“船坚炮利”的实力，是为胡林翼、李鸿章等一班中兴元勋所亲自尝到滋味的了。于是急起作“皮毛”的模仿，譬如同治四年，曾国藩、李鸿章设江南机器制造局于上海。五年，左宗棠设马尾轮船制造局于福州。九年，曾、李又设北洋机器制造局于天津等，李鸿章的大脑中，自

李鸿章

然充满着："中国文物制度，迥异外洋獉狂之俗!"(《李文忠公奏议》)所以只要：

……中国但有开花大炮、轮船两样，西人即可敛手！(《与曾文正公书》)

白昼在那里做这样"黄粱大梦"，你们不要笑痛肚子。这一种皮毛维新适足更养成骄夸、懒惰、空虚的弊病。所以梁氏严格地批评李鸿章所行的新政，说他：

……知有兵事而不知有民政，知有外交而不知有内务，知有清廷而不知有国民，知有洋务而不知有国务。(《李鸿章传》)

在这样的政治恶习下办出来的"船"那里曾"坚"，"炮"那里曾"利"！"炮弹"里面所装的是什么东西，李鸿章自然是不会知道的。可是，在同时模仿新法的日本，有一个严酷无情的对照：驻英国公使郭嵩焘，报告说：

……日本在英国学习技艺者二百余人，各海口皆有之，而在伦敦者十九人。嵩焘所见有二十人皆能英语。有名长冈良芝助者，故诸侯也，自治一国，今降为世爵，亦在此学习法律。其户部尚书恩屡叶欧摩，至奉使讲求经制出入，谋尽仿行之。……而学兵法者绝少。盖兵者末也。各种创制，皆立国之本也。……(《郭筠仙集·上李中堂书》)

金陵机器制造局诞生于1865年（同治四年），是晚清洋务运动中开办较早、规模较大的工厂，是晚清最大的兵工厂，其主要产品有枪、炮、弹药、火药、水雷等。

伊藤博文像

不错，中国些微有一点远见的士大夫都看透了那些枝枝节节的“船炮政策”绝对无用；而想从“立国之本”的“各种创制”上，来一番彻底的改革与维新。这就是酝酿十余年的维新思想，造成“戊戌政变”的原动力所由来。

四十　外激的近因

（B）关于“外激的近因”，又可分下列四项述之：

（1）由于日本维新成功的鼓励　此项不烦详述。

（2）由于甲午战败国耻的教训　以自称“……尧、舜、禹、汤、文、武、周公、孔子的子孙文明神胄的堂堂中华”大国，而战败于偏僻海岛的“虾夷”，这脸在地球上真是丢得又丑又苦！全国上下“五分钟热度”的血液，确曾一度沸腾。尤其身居九五的少年皇帝——清德宗，真和明末的崇祯皇帝一样，手忙脚乱，乱找宰相找到日本去了。日本变法维新、转弱为强、打败中华、吞并朝鲜的元功首相是伊藤博文。戊戌的前一年，伊藤博文适个人来华游历，中国的可怜士大夫不管“三七二十一”，哗然主张“硬留伊藤博文做中国宰相”。竟有这样的笑话，而居然掀动皇帝！

金陵制造局生产场景

《清季外交史料》云：

光绪二十四年秋，伊藤来华时，一般士大夫……多主借才变法。宗人府主事陈懋鼎奏请召见伊藤。

其奏曰：

……应请皇上于伊藤甫来之时，即明降谕旨，……令其预备召见。……皇上于其进见时，宣中、日和睦之谊，询彼国变革之序。于内政、外交，两有裨益。……（卷一百三十四页十九）

贵州举人傅夔，索性奏请留伊藤为相，以行新政。其奏曰：

1906 年在李鸿章过世 5 年后，一尊存放了十年的铜像由克虏伯驻华代表曼德尔公司作为礼物在上海赠给了李鸿章的后人。他是李鸿章与克虏伯家族历史情缘的真实见证。

> 奏为维新事重，执政无人，请破除成见，留相伊藤，以联日本，而行新政。……臣何以谓今日中国借助变法，莫如伊藤为宜也？日本，同洲之国，本与我同文。伊藤又日本中兴之名臣，而首赞维新之治。一切制度宪法，皆其手订。……亡羊补牢，犹未为晚。可否……恳祈留相伊藤，借助变法，以行新政；并请预订年限，以操“用舍在我”之权，出自圣裁。国家幸甚！天下幸甚！（军机处档案）

当时那班“白面文人”的哀哀无告、皇皇求援的愁苦心理，以及环顾全国的茫茫无才、渺渺无望、束手待毙的窘态。真是由这一点上流露得深刻、活跃。上述二奏乃是“病急乱投医”、“白昼做大梦”的呓语；然而光绪皇帝居然召见：

> 当伊藤一行觐见光绪帝于勤政殿，伊藤奏曰：“外臣博文，此次来到贵国，系为漫游。本日蒙陛下召见，殊为光荣。恭维陛下敢良旧法，力图富强，此于保全东亚局面上实有重要之关系。……”光绪帝说：“贵国维新以来之政治，为各国所称扬；贵爵对于祖国之功业，实无人不佩服。”伊藤答：“过蒙奖谕，万不敢当。臣不过仰礼我天皇陛下之圣谟，聊尽臣子之职分耳。”光绪帝说：“贵我两国，地势上同在一洲之内，最亲最近。目今我国改革，迫于必要。朕愿闻贵爵披沥其意见，请贵爵将改革顺序方法，详细告知总理衙门王大臣，予以指导。”伊藤答：“敬奉谕旨。王大臣如有咨询，臣依实际所见，苟有利于贵国者，必诚心具陈。”（平冢笃：《续伊藤博文秘禄》页一二六至一二九）

这一幕有历史性价值的喜剧，足以证明光绪帝对于变法维新的意志如何的急迫，而寻求人才之失望又如何的悽惶。好了，隔了半年之后，有了全国文人的领袖——六度上书、名震中外的康有为，又有梁启超、谭嗣同、杨深秀——等一班得力的干部。徐致靖推荐了，张荫桓推荐了，师傅翁同龢又说“其才胜臣十倍”了。这还不是中国的伊藤博文吗？梁、谭、杨等一班羽翼，这还不是中国的严仓、大久保、木户之流吗？何必“与虎谋皮”、借材于四年前的国仇呢？所以光绪帝得著康、梁、谭等，真是如获至宝！纵然康氏所上的书内有：“求为长安布衣而不可得！”及“不忍见煤山前事！”等大逆不道之言，帝仍一笑置之。说“康某何不顾生死乃尔，竟敢以此言陈于朕前”，反而更加器重。所以戊戌政变，可称为甲午战败后的教训所促成必然的结果。

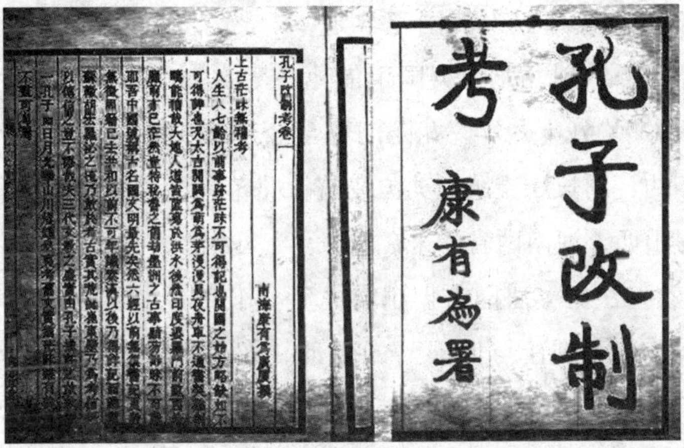

康氏《孔子改制考》

（3）由于瓜分惨祸的迫切　光绪二十三四年（即丁酉、戊戌），全世界瓜分中国的阴谋与计划，已达于最高潮了。俄国在东三省的军队。无论如何不撤。“德帝张其贪欲的饿眼”，向远东找殖民地不得而焦躁。恰好1897（丁酉）年，山东胶州杀了二个德国传教士，德帝就把它做成惊天动地的文章，因而奠定了欧、日各国瓜分中国的局面。“蒋总裁”著《中国之命运》，对于戊戌一年瓜分的实情与危机。有简要详明的叙述：

（甲）英国　在甲午之前，列强已有在中国领土上划分“势力范围”的先例。英国于割取香港之后，于道光二十六年（1846）中英退回舟山条约，即明定清廷“不以舟山等岛给予他国”的字句。光绪二十年（1894）中英滇缅界务及商务专约，亦明定清廷“不将孟连与江洪之全地或片土让与别国”。甲午之后，光绪二十四年中英威海卫租借条约划威海卫为英国租界地，九龙租界条约划九龙为英国租借地（按租借期均九十九年。九龙问题至今未解决）。光绪二十五年，英俄相约：划长江流域为英国建筑铁路范围，这时候英商福公司又取得山西、河南两省的采矿权。

蒋介石

（乙）法国　法国占据越南之后。于光绪二十三年又取得清廷“海南岛不割让与他国”的保证。光绪二十四年又取得“广东、广西、云南三省不割让与他国”的保证。在这个时候，他先后取得延长龙州铁路，建筑滇越铁路及开采两广、云南矿山之权。光绪二十五年，他又与清廷订立广州湾租借条约，划广州湾为其租借地（期限是九十九年——其昌注）。

（丙）德国　德国于光绪二十四年，与清廷订立胶澳条约，划胶州湾为德国租借地（期限是九十九年。这是开全世界破天荒的先例！——其昌注）。并允德国建筑胶济铁路及开采铁路沿线三十里以内矿产。

（丁）帝俄　帝俄于光绪二十二年，与清廷订立华俄道胜银

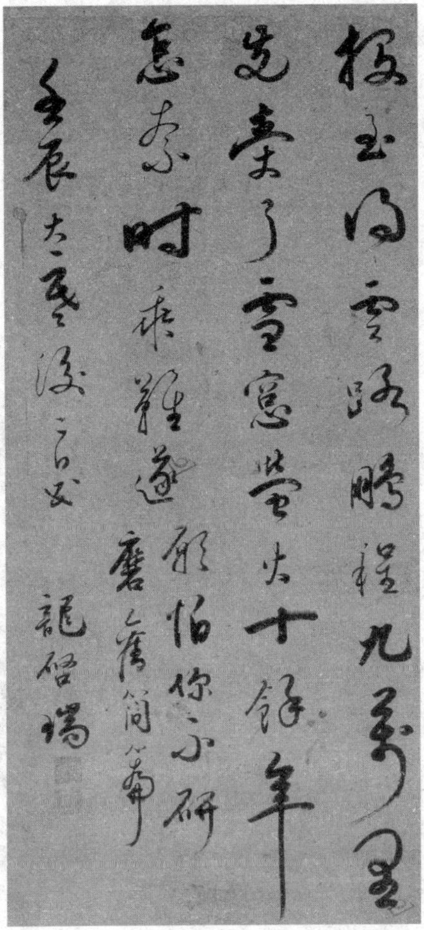

龙启瑞书法

行合同与东三省铁路合同，划东三省为其势力范围。复于光绪二十四年租借旅顺、大连湾（这是抵制德国势力的扩张而急起直追的，所以也效颦期限为九十年！——其昌注），并以续约取得旅大一带铁路矿山工商各特权。光绪二十五年，英俄两国相约：划分长城以北，为帝俄建筑铁路范围。

（戊）日本　日寇于占领我澎湖、台湾以后，于光绪二十四年。取得清廷“不割让福建省及其沿海一带与他国”的保证。……（《中国之命运》第二章页三一至三二页）

“蒋总裁”于是在总结时，严肃的告诫全国：

> 列强划分中国各地为他们的“势力范围”，亦就是作瓜分中国的准备！瓜分下的惨剧，虽未实现。而路矿、工商等权，已经被列强分割净尽了！（同上书页三二）

瓜分的灾祸迫在眉睫，所以在戊戌（1898）的春天，康氏的活动中心保国会，连张之洞、袁世凯……诸人，都愿意做发起人或会长。两个月以后，在野的怪杰康有为，已一变而为帝皇心腹、最有权力的无冕宰相了。

穆彰阿

（4）鉴于土耳其不变法而衰弱的覆辙　当时连蕞尔的藩属小国如暹罗也努力奋起，变法图强。独有近东的土耳其，远东的大清，二个老大病夫，在奄奄一息的状态下，忍受着做世界列强分割肢体的“解剖对象”！这算是悬在中国对面一方镜子。康有为所进呈的——《突厥（土耳其）衰亡史》、《波兰灭亡记》等历史，听说光绪帝读之，有时至于泪下的。变法的决心，乃愈益坚定而迅速。

四十一　内根的远因

（C）关于“内根的远因”，又可分下列四项述之：

（1）由于乾、嘉以来养成政治上传统恶习的溃决　满清中叶以后，政治、社会各方面不可收拾的腐状，已叙述于第一章，此不复及。至于政治上的恶习，也在于清初对于汉官吏压制逼迫得过甚所致，一件政治如果发生毛病，汉官吏只要参与丝毫意见，就得负连带责任，“革职”、“查抄家产”、“谪戍”、“斩决”、“妻子发功臣家为奴”！连珠似的“天威”下来了。久之。养成汉官吏发明二项求生存的秘诀：一是不负责，二是蒙蔽掩饰。一位终身平稳的宰相八十岁做寿时，许多门生拜请“官运亨通”的秘诀，他说这是千金秘方：“多磕头，少说话，遇事莫出主意。”果能守此三诀，定可保证由少年时的部郎，升到龙钟时的宰相而毫无波折。故“不负责”三字，乃清代“官场经”中的天经地义。谈到上下蒙蔽的恶习，我先借用龙启瑞的一封信来看看：

龙启瑞 书法对联

……抑某窃有进者……今之督抚，不肯担待处分（不负责），又乐以容忍欺饰为事（蒙蔽）。有一二能办之员，且多方驳饬之，使逆知吾意不敢为。然督抚亦非真以为事之宜如此也，大抵容身固宠，视疆场若无与！苟及吾身幸无事，他日自有执其咎者。又上之则有宰相风示意旨，谓水旱、盗贼，不当以时入告，上烦圣虑！国家经费有常，不许以毫发细故，辄请动用。……为督抚者。……夙昔援引迁擢，不能不借助于宰相；如不谘而后行，则事必不成而有碍，是以受戒莫敢复言。盖以某所闻皆如是也。……（龙启瑞：《上梅伯言书》）

地方官吏，被中枢逼诱而养成“不负责”与“蒙蔽”的恶风如此！中央方面本身如何呢？道光时的首相曹振镛，曾奏说：

今天下承平，臣工好作危言，指陈阙失，以邀时誉。若遽罪之，则蒙拒谏之名。唯有抉其细故之舛谬者，交部严议；则臣下震于圣明，以为察及秋毫，自莫敢或纵。……

这是教皇帝以蛇虺为心，暗箭杀人，以吃热血青年的阴毒恶计。当然是管用的。继任的宰相穆彰阿，尤为不堪！以致与穆氏同样地位的大学士王鼎，欲揭发穆氏的奸状，乃至“先自杀”而后“尸谏”。惨到如此！然而他尸谏的遗书，还是给穆党威迫利诱的夺去，换一个不相干的假遗疏，真更惨了！（见薛福成：《庸盦笔记》蒲城王文恪公尸谏条）这类恶风，曾国藩名曰“掩饰弥缝，苟且偷安”。这种“蒙蔽”的结果，不但国泰、王亶望、陈辉祖、郝硕、伍拉纳等贪款至数千百万，皇帝不知；甚至如和珅的贪污赃款至黄金八万万两，抵全国国库十年的总收入！在未抄以前，也还蒙在鼓里呢！这“偷安”的景象，如广西巡抚郑祖琛，在洪、杨已起时，还在那里饮酒赋诗。而两广总督叶名琛，在英军攻破广州时，正在那里“敲木鱼念佛”。——粤人名之曰“六不”：谓“不战！不和！不守！不死！不降！不走！”。由于官场而影响及民间社会，于是清末中国社会做人的金科玉律是：“天下本无事，庸人自扰之”，“多一事不如少一事”，“大事化小事，小事化无事”，“吹皱一池春水，于卿底事”，“饮吃三碗，闲事不管”。而“好事之徒”、“生事之辈”，成为诅骂危险分子的代名词。于是数百年肮脏、蹋跶、龌龊、腐烂，一起积蓄壅滞、酝酿发酵起来，全中国成了一只腥秽冲天的臭水缸！浸在臭水缸里的。凡是血液清洁的青年，人人要决破这缸而出。所以世人要“无为”。康氏偏改名为“有为”。世人要“做大官”，而中山先生偏教人“不要做大官，要做大事”。世人教人“不要生事”，而中山先生偏教人“你去找事做”等例。这都是要把三百年来全中国壅积的腥臭，来一个通气、决口、洗涤、扫荡的工作。但工作的方法手段不同：康氏所领导的“百日维新”、“戊戌政变”，乃是一种通气、决口的部分洗涤工作，所以必然短期内失败。而中山先生所领导的“民族革命”、“复兴中华”工作，乃是根本倾覆这臭水缸，大家跳入新的空气阳光水流之中，所以会久远的成功。

（2）由于窥破满洲民族能力的减低　满洲民族初入关时，挟其兵农合一方锐之气，平流寇，平“忠义的前三藩”——弘光（福王）、隆武（唐王）、永历（桂王）；平“叛逆的后三藩”——吴三桂、耿精忠、尚之信，摧枯拉朽，当之者靡，明人惊为神兵。及至康熙帝，平喀尔喀（外蒙全部），平准噶尔（新疆全部），平卫、藏全部，及乾隆帝“十全武功”以后，那末全亚洲都惊满洲八旗兵为神兵了。中叶后的清兵，凭其“神话式的威力”，倒仍可以镇摄全亚；但若要一按其实际，则纸老虎已经泥水淋漓，不堪一击了。不必到道光时鸦片战争，这纸老虎才土崩泥溃，即在嘉庆时“八旗兵”腐败无能的状况，已经达到惊人的程度：稻叶岩吉《清朝全史》记嘉庆初清兵剿川、楚教匪的情况云：

八旗服

八旗铠甲

常备军之腐败，……不但“八旗兵”已也，“绿营”腐败，亦复相同。当交战时，雇兵、乡勇为先锋，汉人之绿旗营次之。其素称骁勇绝伦之满洲兵、吉林兵及索伦兵在最后。贼军亦然，亦驱难民以当锋镝，真贼在后观望。“乡勇”与“难民”交战，而“官兵”与“贼兵”不相值！倘乡勇伤亡，匿而不报。或稍得胜利，即取以为己功！然与贼会之时甚稀，多不当贼锋，如某某将军（按：即永保），惟尾追而不迎击，致有“迎送伯”之绰号。甚至地方村民，预备粮饷，请其出兵，拒而不纳！常求无贼之地驻军！……

这就是乾、嘉全盛时八旗精兵的“武功”！再看看他们的“军纪”：

晚清名将僧格林沁

……军中费用之侈，骇人听闻，据当时从军者言：兵饷多为管粮员所侵蚀，实际待遇士兵甚薄。聊举一例：时有建昌道石作瑞者，侵蚀五十万两。但非其自贮，不过用以延诸将帅宴饮而已。尝于深箐荒麓间，供一品五六两之珍馐。一席至三四十品之多。有某尚书初至阵中，彼赠以珍珠三斛，蜀锦一万疋，他物称是。……（《清朝全史》上，第四十九章）

在这乾、嘉之际的征剿川、楚教匪一事，已可显著的证明满、汉人才能力的高低。不必等待洪、杨以后湘、淮军的兴起。从乾隆末年剿教匪时，负责平匪的满洲大帅，如湖北都统永怀镇守湖北，总督宜绵讨伐陕西，福宁英扫荡四川，不但无一不败，且只有扩大匪祸！扰攘八九年，而最后平定教匪的，最勇猛无敌而亦最勤劳立功的，乃反出于汉族中新挺起来的杨芳、杨遇春二将军。此时已透露满、汉两民族“武德”消长的征兆。至于鸦片战争时，八旗兵土崩瓦溃的丑状，甚至使英军吃惊的。王钧曾记当时八旗兵的实况说：

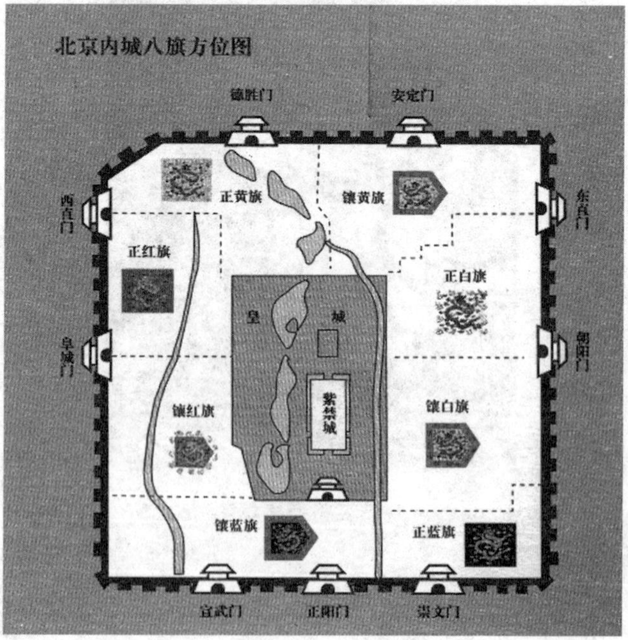

北京城内八旗方位图

……奉调之初，沿途劫夺。……抵粤以后，喧呶纷扰，兵将不相见。遇避难百姓，指为汉奸，攘取财物。教场中互相格斗，日有积尸！……尽夺十三行，背负肩担而去。呼群结党，散赴各乡，累日不归，不知所事！……百姓以兵不击贼，反阻民勇截杀，自是咸怀愤激，益轻视官兵矣！（王钧：《金壶浪墨》）

汉民族初时对于满族武力的畏惧，扫地无余，已由“轻视”而进于“鄙视”，尤以粤人为甚。所以秀才、举人等白面书生，也竟敢明目张胆起来要求改变“祖宗的成法”，以求国家的生存。这是戊戌政变能得国内多数知识分子同情与影响的缘故。

清代八旗兵甲胄

（3）由于洪、杨乱后实际政权的转移　因洪、杨之乱及其平定，而清代实际政治权力，暗中转移甚大。以种族说，大权分于汉族。以政制说，大权分于地方。正当洪、杨势盛之时，八旗兵的无用，固然是腾笑天下，而满洲官吏之无能，也颇可遗羞后世。此时正是肃顺当权时代，他倒有自知之明，知道那时满人的泄气，汉人的方兴，这场大难，非汉人绝对不能平定，力劝咸丰帝重用曾、胡、左等一班新人，赋予相当权力，使之立功。薛福成曾记：

慈　禧

……时粤贼势甚张，而讨贼将帅之有功者，皆在湖南。……惟肃顺知之已深，颇能倾心推服。平时与座客谈论，常心折曾文正公之识量、胡文忠公之才略。苏、常既陷。何桂清以弃城获咎，文宗欲用胡公总督两江。肃顺曰："胡林翼在湖北措注尽善，未可挪动。不如用曾国藩督两江，则上下游俱得人矣。"上曰："善。"遂如其议，卒有成功。左文襄公之在湖南巡抚幕也，已革。永州镇樊燮控之都察院；官文督湖广，复严劾之。廷旨："如左宗棠果有不法情事，可即就地正法！"肃顺告其幕僚，……转告郭嵩焘。郭公闻之大惊，求救于肃顺。……上果问肃顺曰："方今天下多事。左宗棠果长军旅，自当弃瑕录用"。肃顺奏曰："闻左宗棠在湖南巡抚骆秉章幕中，赞画军谋，迭著成效。骆秉章之功，皆其功也。人才难得，自当爱惜。请再密寄官文，录中外保荐各疏，令其察酌情形办理。从之。……"文襄勋望逐日隆焉（《庸盦笔记》肃顺推服楚贤条）

到洪、杨平后，这汉、满两族政治能力的实际竞赛，结果揭晓，相差得实在太远了。自此以后，满人所死力独霸、丝毫不松的政权，不得不被汉人分去了一半。至于中央政权被分于地方的因果，李剑农说得很明：

> ……在洪、杨战役期中，许多人的巡抚、总督位置，全由军功取得。一面作督抚，一面带兵打仗，如江忠源、胡林翼、李鸿章、左宗棠、刘长佑等不计其数。……此后的督抚，不唯有领兵之权，并且兼有随意编练军队之权。……地方编练军队，虽须奏明，……皇帝因为急于平乱，只要地方有办法，没有不裁可的。裁可后即由各地方疆吏自由施行。需要补充或扩大额数时，又用同一办法，一面奏报，一面办理。湘军、淮军都是由此种程序成立及扩大的。……概括起来，清政府地方势力，在此期中的变化，不外两点：一，督抚取得军事上的实权，其势渐重。二，军队由"单元休"化为"多元体"，中央失去把握之权。……（《中国近百年政治史》第二章）

戊戌政变，换一个方向的看法。也可以说是汉族和平的政治革命，非在上述的形势下，是没有发动的可能的。上述的实际形势，也是戊戌政变一个最大的诱因。

（4）由于咸、同之际宫廷政变的结果　清廷之亡，亡于太后那拉氏一人，这是天下万世的公评。那拉氏（即西太后慈禧太后）本为咸丰帝的侍妾。稍通文字，小聪明而性险刻。咸丰帝已深恶之；帝病于热河，恐身后那拉后造祸，半夜与肃顺商议，先行赐死。时无第三人闻者，不意太监李莲英在窗外守夜，闻之。宫门已键，爬狗洞而出，密告于那拉氏。那拉氏即于半夜叩太后寝宫，哭诉求救命。明晨，咸丰帝朝其母，太后大怒，贵

慈禧化妆乘坐无蓬平底船游湖，随侍慈禧一同照相的有隆裕皇后、瑾妃、庆亲王奕劻的三格格和四格格、德龄、德龄母亲、容龄、袁大奶奶、总管太监李莲英及女官等。

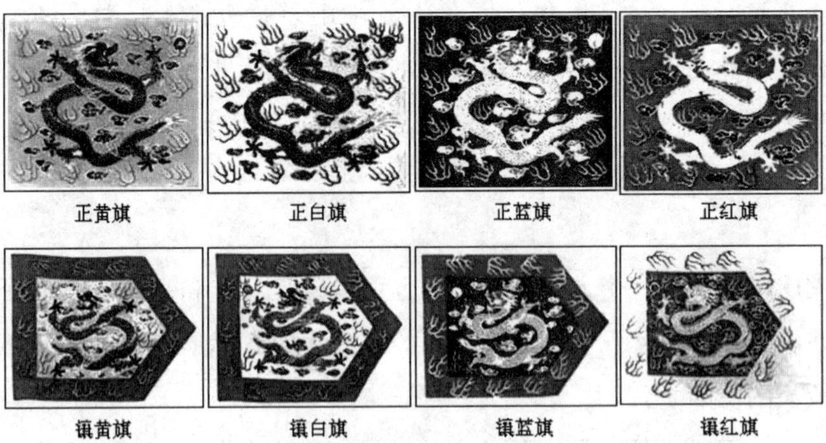

满清八旗的形制

其何以无故杀人？帝愕然，力辩其无。此事遂寝。故那拉氏终身恨肃顺入骨，而爱李莲英入髓。又据《春冰室野乘》所记，咸丰帝实为那拉氏所毒弑；帝临崩时，有人在窗外闻帝作怨恨声，连呼“翠儿！翠儿！你好忍心！”翠儿是那拉氏的小名，似乎咸丰帝已发觉中了翠儿的毒手而死的。

这翠儿可偏偏生了一个儿子载淳——同治帝。正后无子，后来称“东太后”。那拉氏因为是同治帝生母的缘故，后来称“西太后”。咸丰帝崩后遗诏，以怡亲王载垣、郑亲王端华、户部尚书肃顺（端华胞弟）及军机大臣中：兵部尚书穆荫、吏部左侍郎匡源、礼部右侍郎杜翰、太仆寺少卿焦佑瀛、御前大臣额驸景寿等八人为“赞襄王大臣”。此时同治帝年仅六岁，这八人实为那时中国的最高权力者，而肃顺尤为其中的灵魂。议定改年号为“祺祥”。已经铸了“祺祥通宝”的钱了。可是不久这心狠手毒的那拉翠儿，运用她阴忍险刻的手段，突出不意，先发制人，把肃顺处斩，端华、载垣赐死。否认“赞襄王大臣”的遗诏，她便自称“太后”，违背清代祖宗三百年的家法，居然“垂帘听政”起来，“牝鸡司晨”，中国从此便堕入地狱的深渊！所以这次大政变，绝不是宫廷间私人之争，而是关系全国百年的大计。汉族大臣凡是属于肃顺政治系统的，无不人人栗栗危惧，胡林翼闻此大变，就在同年忧愁而死了。曾国藩也屡次想自杀。要不是洪、杨未平，这班人都会斩草不留根的。立了儿皇帝载淳以后，东太后相当安分公正，西太后则放僻邪淫，无所不为！连她自己亲生儿子同治帝，也深恶他母亲的丑声四播而强烈的反感。西太后所信任、所狎昵的，只有太监；此外无贤，无尊，无亲，无贵，无大臣百官；至于“国家”与“百姓”，那即使分解她全身每一颗细胞都是找不出来的！天地之间，只有她与太监。自从东太后授意丁宝桢杀了太监安得海以后，这位老姨太太不耐烦了，她就再用前此“谋杀亲夫”的秘诀，毒弑了正宫东太后。这是恽毓鼎《崇陵传信录》记载得很明白的。从此以后，中国最高的政治权力，表面上是属于儿皇帝一人；事实上却在西太后一个人手里；骨子里却属于太监李莲英一人。所谓“议政亲王”、“军机大臣”，一齐要向这“皮哨李”（李莲英的绰号）垂手低头，连声道“是！是！是！”而退。以中国五千年悠久的文明，三千万方里博大的土地，四万五千万优秀的人民，而把这全副命运，放在一个目不识丁、鸦片入骨、不阴不阳、非人非物的怪东西——皮哨李手里，呜呼哀哉！所以全国，不论何种阶级，上至帝后（包括东太后、同治帝后、光绪帝后在内），下至平民，一致痛恨西太后与皮哨李，真是深恨入骨，但敢怒而不敢言耳，戊戌政变，就是国中勇敢不畏死的青年，企图与皇帝合作。起而推翻西太后与李莲英统治的政治革命！

清朝八旗旗主印

四十二　内根的近因

（D）关于“内根的近因”，又可分下列四项述之：

（1）由于“帝”、“后”本身的争权　从上述“远因第（4）项”政变的波浪下来，同治帝亲母子之间，恶感日深。西太后真是个“恶婆娘”，甚至干涉儿子媳妇的燕好，同治帝愤而外游，得不名誉的病而死。西太后愤亲生子不孝，不为他立嗣，使同治帝绝代。书呆愚忠吴可让先行自杀，然后以遗疏“尸谏”，请为“大行皇帝立嗣”（刚死的皇帝称大行皇帝），白白牺牲了生命，除了令人作呕的“传旨嘉奖”以外，一切完了！西太后于是重立一个更小的儿皇帝，是她亲妹妹所生的，只有四岁的载湉——光绪帝。当开分谤的御前会议时，有人主张援立溥伦，西太后厉声斥责：

“溥”字辈一概不要！这一吼，吓得亲王大臣面面相觑。谁还敢逆“河东狮”的淫威！一个个诺诺连声而退。这一来，把一位天真活泼的小朋友载湉，生生地抓入紫禁城的牢狱中去，判了长期徒刑三十四年，而后“就狱正法”！这就是光绪皇帝的生活史。西太后何以主张“溥字辈一概不要”呢？这里有三个秘密原因：（一）最大的一着是她“专制到死主义”。立了“溥”字辈，她的地位是“祖母”了，是“太皇太后”了，那时老脸再“难为情”垂帘听政了。所以仍立“载”字辈，她以“养母”及“皇太后”资格，“专权专到死”！（二）其次的原因，依然是“专制到死主义”，如果立了“载”字辈的年长的人，他便不服从你指挥了。所以抓到只有四岁的小孩，那便是她和李莲英的玩物了。（三）最后是她对亲生子的泄愤主义。若立“溥”字辈，就是默认是同治帝之后了。偏立“载”字辈，使这不孝亲母的“忤逆子”绝嗣。光绪帝做了三十年囚徒，而有甲午中日战争的大败。这三十年中间的天灾、人祸，内忧、外患，百孔千疮，实难书记。这“青年皇帝”——不，“青年囚徒”！眼看着国家是快要亡了，而“亲爸爸”和“皮哨李”的荒淫，反目甚一日，要想有所改变补救而手无寸柄，鳏寡孤独，除了一位七八十高龄的老师傅——翁同龢以外，茫茫宇宙间竟举目无一个亲人！又忍无可忍。闷闷地再做四年囚徒，到了戊戌年，忽然上天降下了一个怪杰康有为，领导了一批少壮干部及数千人附和的青年羽翼，及全国翕然同情的舆论，肯自动帮他——这个“寡人”来变法维新。他真是欢喜得有“感谢上苍”“天佑中国”的心绪，所以信任康有为的彻底及变法动作的迅速，真是古今所罕见的。“百日维新”所以突然如火焰一般的怒起，这是一个最大的近因。

（2）由于满族嫉妒汉族情感的表露化　据上述，光绪帝因急欲解除其囚徒的地位。而真正取得“皇帝”的权力，不得不完全重用汉族人才，以达成其目的。洪、杨乱平，捻党又清，新疆收复，回乱重定，大功多出于汉人，满族此时已深深感觉到汉族本质的优秀，能力的高强，而本族乃有根本生存的威胁，嫉妒、愤怒、恐惧，而无可如何！今见皇上又一味重用汉人，不平之气更甚。凶悍的满人如刚毅、荣禄，且明目张胆昌言排汉。这在汉人岂有不知之理，梁氏的著作内就叙述甚详（均见下）。但西太后和李莲英的荒淫政治，对中国固然是推入地狱。对满族，岂不是更打入泥犁吗？所以识大体的少数满洲人，也竟有同情于光绪帝及汉族青年的维新变法运动的。譬如杨深秀的密友文悌：

爱新觉罗·载湉，清德宗光绪皇帝。载湉四岁登基，由慈禧，慈安两宫太后垂帘听政至 18 岁。

御史文悌者，满洲人也。以满人久居内城，知宫中事最悉。颇愤西后之专横，经胶、旅（之役）后，虑国危。文君门下有某人者（按即大刀王五），抚北方豪士千数百人。适同侍祠，文君语君（杨深秀）宫中隐事，皆西后淫乐之事也。既而曰："君知长麟去官之故乎？长麟以（皇）上名虽亲政，实则受制于后，欲请上独揽大权。曰：西后于穆宗则为生母，于皇上则为先帝之遗妾耳。天子无以'妾母'为'母'者其言可谓独得大义矣。"君（杨）然之。文又曰："我奉命查宗人府囚，见澍贝勒（按即溥澍，同治帝有遗诏欲立之为后者），仅一袴蔽体，上身无衣，时方正月奇寒，吾怜之，赏钱十千。西后之刻虐皇孙如此！盖为（皇）上示戒，故上见后辄颤！此与唐武氏何异？"因慷慨诵徐敬业讨武氏檄"燕啄王孙"四语。目眦欲裂。君（杨）美其忠诚。（文）乃告君（杨）曰："吾少尝慕游侠，能逾墙，抚有昆仑奴甚多；若有志士相助。可一举成大业。闻君门下多识豪杰，能觅其人以救国乎？"君（杨）壮其言

《载湉读书像》

而虑其难。……（《杨深秀传》）

可见当时主张“维新”“改革”的志士，固然是以汉族为中坚，但也有少数的满人参入。而“守旧”“顽固”分子，固然多属于满族的朝贵，而汉族的败类，如许应骙、杨崇伊之流，也无耻的作伥。老实说，到了戊戌年间，维新派与顽固派，对于统治中国政权的争夺，已经走到“图穷匕现”、“短兵相接”的阶段了，因之像闪电一般的迸发了这“百日政变”刀光剑影一幕历史上精彩的悲剧。

（3）由于中山先生领导革命运动的亢进　概括地说：亡清末叶的三十年间，中国人的思想畴范，约可分四个时期：从光绪初年至甲午之战，是以李鸿章为中心时期。从甲午之败至戊戌政变，是以康有为为中心时期。从戊戌政变失败至日俄战争，是以梁启超为中心时期。从甲辰帝俄战败至

清德宗光绪皇帝名爱新觉罗·载湉

辛亥革命，是以中山先生为中心时期。但此只是就中上社会及智识分子的表面部分而言，而实际上中山先生所领导的革命工作，已逐渐深入人心，弥漫全国；清廷亦不得不承认这才真是“致命”的隐忧大患！在初时，八股秀才们不免认“孙汶为红眉毛、绿眼睛的公道大王”（吴稚晖先生语）。但至戊戌庚子之间，中山先生“驱除鞑虏，恢复中华”的光明大义，已逐渐宣白于天下。中山先自说：

……经此（庚子惠州之役）失败而后，回顾中国之人心，已觉与前有别矣。当初次之失败也，举国舆论，莫不目予辈为乱臣贼子，大逆不道，诅咒谩骂之声，不绝于耳。吾人足迹所到，凡认识者几视为毒蛇猛兽，而莫敢与吾人交游也。惟庚子失败以后，则鲜闻一般人之恶声相加。而有识之士，且多为吾人扼腕叹息，恨其事之不成矣。前后相较，差若天渊。吾人睹此情形，中心快慰，不可言状；知国人之迷梦，已有渐醒之兆（《建国方略》）

维新变法运动中的翁同龢

戊戌与庚子，只差二年，而中山先生之革命风潮，已澎湃如此。清德宗及其一部分大臣，自然感觉到变法维新，尚可苟且保全宗社；这是“害取其轻”的原则。所以急剧地厉行变法改制。

（4）由于国内舆论倾向维新之渐渐成熟　上章已述甲午以后，国内各地各种“学会”已风起云涌。这种“学会”，都是造成维新党与革命党的苗圃。同时西洋新学说，无可阻遏的如潮水浸入，国内的民智无可封锁地日益开启。绝非老朽官僚张之洞的《劝学篇》，冬烘学究叶德辉的《翼教丛编》等著作所能挽阻。而同时旅华公正之外人，复为启发中国民智之事，尽侧面之努力；稻叶氏云：

……此时在上海之外人，乃对于民间风气之革新而乐为助力。其最著者则“广学会”也。广学会者，一八八八年（光绪十四年）在中国之英、美宣教士及学士等所组织。其中知名之士，

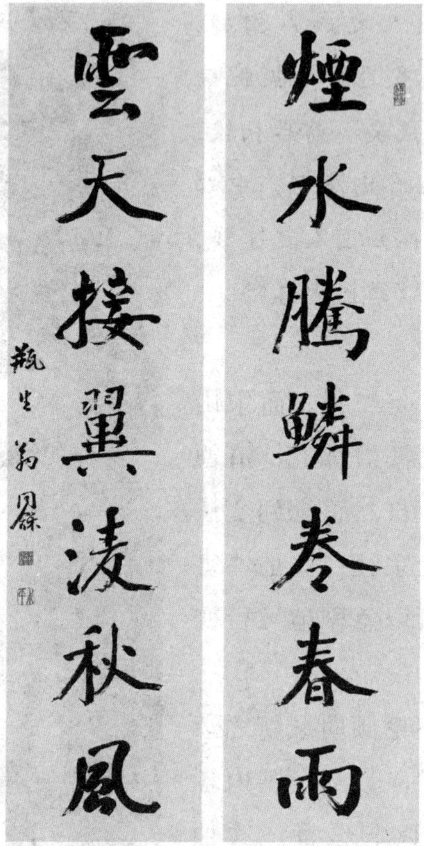

翁同龢书法

以林乐知、丁韪良、慕维廉、艾约瑟、李佳白等为最著。其目的在启发中国之新智，辅翊中国之自强。其最初在翻译新书，发行杂志。如《泰西新史揽要》、《文学与国策》、《治国要务》、《自西徂东》、《列国变通兴盛记》、《万国公报》等，皆有唤醒中国之价值。……广学会知中东战后，中国渐有觉悟，乃派李提摩太于北京，周旋于名公巨卿之间，讲善后之策，当时推李提摩太为官书局教习，固辞；其言曰：官书局教习之地位，……所成就不过数十百人。……不如为广学会尽力，扩大其规模，以培养将来中华之人才，赞助智德之发达也。……（《清朝全史》第八十二

章）

所以到了戊戌年间，维新运动，已呈“瓜熟蒂落”的现象。除了冥顽无耻卖身求荣的少数败类以外，都可以说是渴望政治改革有如甘霖的了。

第十一节 戊戌政变史剧的绘影

上述“戊戌政变”的内、外、远、近的原委因素，以及政治的、外交的、社会的、文化的各种背景环境，都加以综合的、客观的详述，读者也早已了然“戊戌政变”的真实性质了。再回头来看经过的事实，自然更容易心领神会，彻底了解了。这一幕悲壮、简短而重要的史剧，其经过的史迹如下：

四十三 痛哭流涕时代的最后请愿

光绪二十四年戊戌，因德人的强占胶州湾，引起俄人立即强占旅顺、大连湾，英人强占威海卫、成三角，法人强占广州湾。甚至意人也要强占三都澳，国人大惊，看见瓜分之刀已在颈上，奔走号呼，“保国会”之类便在各地涌起。幽居深宫的二十九岁皇帝清德宗，也忧愁得要死，问他唯一的亲信人老师傅翁同龢，到底还有什么办法没有？老师傅实在太老了，难当“起弱图强”的重肩，于是进荐六度上书、名满天下、羽翼丰盛的新进士康有为。同时徐致靖、张荫桓、李端棻、高燮曾等一班大宫，又疏荐康氏。康氏又复痛哭流涕的最后一次的上书，有激切的透论，及详备的规划。梁氏扼要记着：

康先生之上皇帝书曰：“守旧不可，必当变法。缓变不可，

> 必当速变。小变不可，必当全变。”又曰：“变事而不变法。变法而不变人。则与不变同耳。”故先生所条陈章奏，统筹全局者，其大端在：请誓太庙以戒群臣，开制度局以定规模，设十二局以治新政，立民政局以行地方自治。其他如：迁都，兴学，更税法，裁厘金，改律例，重俸禄，遣游学，设警察，练乡兵，选将帅，设参谋部，大营海军，经营西藏、新疆等事，皆主齐力并举，不能枝枝节节而为之。而我皇上亦深知此意。……（《政变原因答客难》）

又请泯满、汉种族之界限。梁氏又记：

> ……康南海之奏对，其政策之大宗旨曰：“满汉不分，居民同志。”斯言也，满洲全部人所最不乐闻者也，而我皇上深嘉纳之。……（《论变法必自平满汉之界始》）

杨深秀像

光绪帝全部接受了康氏的意见，随即于四月二十三日，下诏定国是。于四月二十八日召见康氏，即任命康有为在总理各国事务衙门行走。又召见梁氏，即赏举人梁启超六品衔，命办大学堂、译书局事务。在帝的本意，自然要以更重要的位置畀予康、梁，可是二品以上大员的黜陟，都要向颐和园请命，那麻烦了。故暂给以小官，而实赋予大权。从此以后，康、梁便得发舒其胸中的抱负了。所谓“戊戌新政”、“百日维新”。便自此开始了。

四十四　新政要纲一览

但轰轰烈烈开幕以后，所演的戏可并不伟大。举其重要节目如下：

（一）命自下科始，乡会试及生童岁科各试，向用四书文者。改策论。

（二）定乡会试随场去取之法，并推行于生童岁科试。

（三）停止朝考。

（四）命删改各衙门则例。

（五）命于京师设立农工商总局。

（六）下裁汰冗官令，命裁撤：詹事府、通政司、光禄寺、鸿胪寺、太仆寺、大理寺衙门；湖北、广东、云南三巡抚；并东河总督缺。其各省不办运务之粮道，向无盐场之盐道，亦均裁撤。其余京、外应裁文武各缺。命大学士、六部、各省将军、督抚，分别详议以闻。

其余尚有不成片段的小新政，从略不举。即此戋戋的新政。在我们今日看来，不但距离国民的政治理想，有隔世之感；比较日本明治维新的规模，有天渊之别；即就康有为所上的条陈而言，也还有千里之差。然而在清德宗看来，却总算是大刀阔斧的了。就是上列几桩新政，从四月行到七月中旬，似乎行得顺手起来，召谭嗣同进京。旋发上谕。“内阁候补中书林旭，江苏候补知府谭嗣同，均赏加四品卿衔。在军机章京上行走”。这就是名振一时的“四京卿”。梁氏说：

……自四卿入军机，然后皇上与康先生之意，始能少通，锐意欲行大改革矣（《谭嗣同传》）

于是在七月二十七日，光绪帝宣布堂皇的上谕：

国家振兴庶政，兼采西法。诚以为民主政，中西所同；而西人考究较勤，故可以补我所未及。西国政治之学，千端万绪，主于为民开其智慧，裕其身家；其精者乃能美人性质，延人寿命。凡生人应得之利益，务令其推广无遗。朕夙夜孜孜，改图百度，岂为崇尚新奇，乃眷怀赤子，皆上天之所畀，祖宗之所遗；非悉使之康乐和亲，朕躬未为尽职。今将变法之意，布告天下，使百姓咸喻朕心，共知其君之可恃。上下同心，以成新政，以强中国，朕不胜厚望！（《爱国论》所引）

四十五　磨折的警报

此时也许就是光绪帝皇威发扬到顶点的时候了吧！在此略前，光绪帝想乘机黜退几个守旧大臣，立一点“主子的威风”。便借一件事把礼部的满、汉两尚书四侍郎——都是最顽固分子：怀塔布、许应骙、堃岫、溥颋、徐会澧、曾广汉，一齐革职。那知道怀塔布的妻，是侍奉那拉后得宠的老妈子，便向“老佛爷”哭诉起来，“老佛爷”于是勃然大怒，光绪帝便惶悚害怕起来。据梁氏述：

（七月）二十九日，皇上召见杨锐，遂赐衣带诏，有“朕位几不保”、“命康与四卿及同志速设法筹救”之语。……（《谭嗣

康有为书法

同传》)

据恽毓鼎所述：

谭、杨愤上之受制，颇有不平语。上手诏答之，略谓："顽固守旧大臣，朕固无如何。然卿曹宜调处其间。使国富兵强，大臣不掣肘，而朕又上不失慈母之意。否则朕位且不保，何有于国！"于是蜚语寖闻于西朝（恽毓鼎：《崇陵传信录》）

四十六　谭、袁半夜的壮剧

那时怀塔布及汉奸杨崇伊等早与荣禄阴谋废光绪帝。嗾走狗李盛铎奏请帝奉太后至天津阅兵，荣禄因以武力实行废立。帝明知天津便是他自己“正法的刑场”，可是不得不下谕九月奉太后至天津阅兵！康有为这班人真急慌了，怎么办呢？不得已想到求救于袁世凯。

> 君（谭嗣同）与康先生捧诏（衣带诏）恸哭，而皇上手无寸柄，无所为计。时诸将之中，惟袁世凯久使朝鲜，讲中外之故，力主变法。君密奏请皇上结以恩遇，冀缓急或可救助，词极激切。八月初一日，上召见袁世凯，特赏侍郎。初二日复召见。初三日夕，君径造袁所寓之法华寺。直诘袁曰：“君谓皇上何如人也?”袁曰：“旷代之圣主也!”君曰：“天津阅兵之阴谋，君知之乎?”袁曰：“然，固有所闻。”君乃直出密诏示之曰：“今日可以救我圣主者，惟在足下。足下欲救则救之。”又以手自抚其颈曰：“苟不欲救，请至颐和园首仆而杀仆，可以得富贵也!”袁正色厉声曰：“君以袁某为何如人哉！圣主乃吾辈所共事之主，仆与足下，同受非常之遇；救护之责，非独足下，若有所教，仆固愿闻也!”君曰：“荣禄密谋，全在天津阅兵之举。足下及董、聂三军，皆受荣所节制，将挟兵力以行大事！虽然，董、聂不足道也，天下健者，惟在足下。若变起，足下以一军敌彼二军，保护圣主，复大权，清君侧，肃宫廷，指挥若定，不世之业也。”袁曰：“若皇上于阅兵时疾驰入仆营，传号令以诛奸贼。则仆必能从诸君子之后，竭死力以补救。”君曰：“荣禄遇足下素厚，足下何以待之?”袁笑而不言。袁幕府某曰：“荣贼并非推心待慰帅者，昔某公欲增慰帅兵，荣曰：‘汉人未可假大兵权’，盖向来不过笼络耳。即如前年胡景桂参劾慰帅一事，胡乃荣之私人，荣遣其劾帅，而己查办昭雪之以示恩。既而胡即放宁夏知府，旋升宁夏道。此乃荣贼心计险极、巧极之处，慰帅岂不知之。”君乃曰：

"荣禄固操莽之才，绝世之雄，待之恐不易易！"袁怒目视曰："若皇上在仆营，则诛荣禄，如杀一狗耳！"因相与言救主之条理甚详。袁曰："今营中枪弹火药，皆在荣贼之手。而营哨各官，亦多属旧人；事急矣，既定策，则仆须急归营，更选将官，而设法备贮弹药，则可也。"乃丁宁而去，时八月初三夜漏三下矣。至初五日，袁复召见。至初六日，变遂发……。（《谭嗣同传》）

这一幕精彩而悲壮的话剧，应该在中国近代史上放一异光。可是，这里袁世凯所表演的，固然是神采活现的英雄本色，但却不能不启世人疑心。荣贼的阴谋，本应该在九月里才发作。何以八月初三夜这幕史剧演完以后，初六日事变就突然提前发作？所以有甚多的人。都说这反是袁世凯卖友首告所促成的。所以光绪帝至死恨袁世凯入骨；而袁世凯自己也曾有"臣，先帝之罪人也"的良心忏悔语，是不为无因的。

当谭嗣同热烈属望袁世凯救主之时，但林旭即不谓然。据梁氏所撰的林旭传说："既奉密谕，谭君等距踊号呼。时袁世凯方在京。谋激其义愤；而君不谓然，作一小诗代简，致之谭等曰：'伏蒲泣血知何用，慷慨何曾报主恩。愿为公歌千里草，本初健者莫轻言。'""千里草"，是东汉末年一首童谣："千里草，何青青。十日上，不得生。""千里草"合成一"董"字，"十日上"合成一"卓"字。本初是袁绍字。这里借用董卓、袁绍的故事来比喻董福祥与袁世凯。意思是说：这种办法，恐怕将来董福祥、袁世凯之流，挟天子以令诸侯，那真不可收拾了。

四十七　皇帝成俘虏了

初六日，光绪帝就被拘禁到颐和园中的玉澜堂。太后垂帘主政。逮捕张荫桓、徐致靖及名震一时的六君子。

自四月以来，京师谣言，皆谓帝病重；然帝仍日日召见臣工，固未尝有病。及革礼部六堂官，擢四京卿；怀塔布及御史杨崇伊等先后至津，谒荣禄，遂相与定谋：檄调聂士成军五千驻天津。又命董福祥军移长辛店。三次急电至总理衙门，言英俄在海参崴开战，英舰七艘泊于天津，请饬袁世凯回津防御。世凯至津，荣禄即乘专车抵京。与怀塔布、许应骙、杨崇伊、张仲炘，至颐和园，上封事于太后，请训政。太后立命以荣禄之卫兵守禁城。令荣禄仍回津以候召命。会议至夜半而散。翌晨，新党谋围颐和园之谣起。太后垂帘之诏下。——（自注）先是，太监于茶店中创一种风语，言帝设谋倾害太后，且引外人助已。士大夫多深信之，互相传播。(《清史记事本末》)

谭嗣同雕像

至于光绪帝被擒的情形，恽毓鼎记得甚惨：

> 御史杨崇伊、庞鸿书，揣知太后意，潜谋之庆王奕劻，密疏告变，请太后再临朝。袖疏付奕劻转达颐和园。八月初四（六）日黎明，上诣宫门请安，太后已由间道入西直门，车驾仓皇而返。太后直抵上寝宫。盖括章疏携之法。召上怒诘曰："我抚汝二十余年，乃听小人之言谋我乎？"上战栗不发一语。良久嗫嚅曰："我无此意。"太后唾之曰："痴儿！今日无我，明日安有汝乎？"遂传懿旨，以上病不能理万机为词，临朝训政（《崇陵传信录》）

就把光绪帝圈禁于颐和园中的玉澜堂。凡是游过颐和园的人，都可以在玉澜堂凭吊，这一宫院左右美丽的配殿，屋中打了二道乌黑而坚实的砖墙，丑怪得要死，至今尚未拆除，这便算是近代史上遗留的史迹。

四十八　废立阴谋与"单片请安"

过后，西太后一定要废掉光绪帝，说帝病危，把药方开示给天下公阅。她何以要多此一举，把药方公布于天下呢？这意思并不是证明她的人格的不撒谎，乃是有实力上的顾虑，要看看天下督抚的眼色。上面已经说过：洪、杨以后，清代政权暗移，中央则分大权于地方。军权与地方财政权，则均握于各大督抚之手。既然是方面千里的大诸侯，倒不好随便开罪的。各省官吏人民，对于废立之事，那是人人义愤填膺，可是有什么和平方法去挽救呢？最后两江总督刘坤一，到底给他想出一个绝妙的和平挽救方法来了，即所谓"单片请安摺"。原来自同治元年以后，所有全国大小臣工奏疏，总要加"恭请皇太后、皇上圣安"或"伏恳皇太后、皇上圣鉴”。绝对不许单提“皇上”一人的，三十五年中绝无例外。此次刘坤一以伏读药方为借口，单片“恭请皇帝陛下圣安”！既不得罪西后，又表示两江的大吏与人民，都忠爱于光绪帝。据说这是浙江名士汤寿潜所设想的。后来颇有几件“单片请安摺”上去，李莲英和那拉后看见风色不佳，决定把这“痴儿”暂时囚禁起来再说。

至于康、梁这一般“小人”。在西后自然要把他们立斩处决，才泄“奴家”胸中一股无名之火。可是“洋鬼子”可恶透顶，首逆康有为已经早一日受英使馆保护，并且特派兵舰由天津护送到香港去了。次逆梁启超、谭嗣同，又由日本使馆用绿呢大轿，接到他使馆中保护去了。李莲英和那拉后于是恨“洋鬼子”刺骨。东洋小鬼割朝鲜、台湾，她没有觉得什么可恨；只有保护“逆贼”梁、谭，这才是不共戴天之仇。二年后庚子之大杀“东西洋鬼子”，其导火线即伏于此。

四十九　谭嗣同精忠壮烈的芳躅

其中谭嗣同精忠壮烈的行为，尤为可泣鬼神，可风百世。他本可以如梁氏一样，由日本严密保护，安逸地送往东京。可是他已经入了安全地带，又重新自动出来，愿抛头颅，以改造祖国百年的命运！这种“忠”而“侠”的行为。中国已经数百年见不到了。

> ……旋闻垂帘之谕。君（谭）从容语余（梁）曰：“昔欲救皇上，既无可救；今欲救先生，亦无可救。吾已无事可办。惟待死期耳。”……入日本使馆，劝余同游。且携所著书及诗文辞稿本数册，家书一箧托焉。曰：“不有行者，无以图将来。不有死者，无以酬圣主。今南海之生死未可卜，程婴、杵臼，吾与足下分任之。”遂相与一抱而别。初七、八、九三日，君复与侠士

（相传即大刀王五，但未至）谋救皇上，事卒不成。初十日，遂被逮。被逮之前一日，日本志士数辈，苦劝君东游，君不听；再四强之，君曰："各国变法，无不从流血而成！中国未闻有因变法而流血者，此国之所以不昌也。有之，请自嗣同始！"卒不去，故及于难。……于八月十三日斩于市。春秋三十有三。就义之日，观者万人，君慷慨神气不少变！……（《谭嗣同传》）

这壮烈史迹，民国十六年夏，梁先生亲和其昌再讲一篇，从黄昏直讲到天亮。已经隔着三十五年了，梁先生还是老泪纵横，其昌也不觉热泪夺眶。谭嗣同氏在百忙中间，还代他的父亲谭继洵，先上一个"黜革忤逆子嗣同"的奏片，使他的老父免于罪戾；他真是忠孝两全。他在狱中，又题一诗于狱壁。曰：

望门投宿思张俭，忍死须臾待杜根；
我自横刀向天笑，去留肝胆两昆仑！

张俭是譬喻他所怀念的康南海。杜根，也许是暗指他所期待的某侠士。这首诗，立刻电传到日本，日本立即为它谱出曲调来，令学生们歌唱。因为这件事的本身太可感动人了。

五十　千秋肃敬的刘光第父子与林旭夫妇

其他同时五君子的义烈行为，也实在可泣可歌。譬如梁氏的《刘光第传》记他们父子殉国：

君（刘）既就义，其嗣子赴市曹伏尸痛哭一日夜以死。

三十五年后梁先生亲为其昌追述当时的情形说："裴村临刑，其嗣子不过十四岁或十六岁，仓促确知，别无法救；赶赴刑场向监斩官刚毅叩头流血，请代父死，不允。既斩，抱其父头而哭，立时呕血，半夜而死。……"闻之酸鼻。又记林旭夫妇殉国事：

君（林）妻沈静仪，沈文肃公葆桢之孙女。得报，痛哭不欲生。将亲人都收遗骸，为家人所劝禁，乃仰药以殉！……（《林旭传》）

五十一　康广仁、杨深秀、杨锐三君子的忠烈

又记康广仁狱中诰诫程、钱之气概：

……君（康）从容被逮。与程、钱二人同在狱中。言笑自若，高歌声出金石。……程、钱曰："吾等必死矣！"君厉声曰："死亦何伤！汝年已二十余矣，我年已三十余矣！……特恐吾等未必死耳，死则中国之强在此矣。死又何伤哉！"（《康广仁传》）

其他如记杨深秀：

忠诚之气，……论者以为虽前明方正学、杨椒山之烈，不是过也！（《杨深秀传》）

而记杨锐则云：

……叔峤（锐字）尚气节，明大义，立身不苟，见危授命！

有古君子之风焉。……（《杨锐传》）

这一幕历史上不朽的名剧，在北京的，以“黄匣”“硃谕”始。以“银刀”“碧血”终，就此草草告一结束。至于梁任公本人呢，由日本公使林权助受日政府令，严密保护，扬言“日本钦察大臣内眷回国”，卫士呼殿，婢媪围绕，不令人窥。用专车送至塘沽，更由大岛兵舰，由塘沽直驶东京。在东京过他另一套亡命的文豪生涯去了。

第十二节　政变失败原因的解析

至于戊戌政变所以失败的原因。大概可以说是先天的、命定的、必然的、无可幸免的归宿。其原因实在最显而易见的。随便举例来说。即有下列各项：

五十二　由于清德宗的无权与无能

也难怪他，他自四岁起便在这紫禁城的牢狱中受李莲英和西太后淫威的胁制，畏惧恐怖的心理，已经深深打入下意识中。满清的亲王朝贵。没有一人把这可怜的皇上放在眼里。每一个太监，都是监视他的侦探。他早已和汉献帝、魏高贵乡公，处于同一的地位。以如是的地位，而想奋发图强，大有作为，根本已有“缘木求鱼”之感。谭嗣同辈初时还装在鼓里，梁氏说：

……初，君（谭）之始入京也，与言皇上无权，西后阻挠之事，君不之信。及七月二十七日，皇上欲开懋勤殿，设顾问官，命君拟旨。先遣内侍捧“历朝圣训”授君，传上言：谓康熙、乾隆、咸丰三朝，有开懋勤殿故事，令查出引入上谕中，盖将以二十八日亲往颐和园请命西后云。君退朝，乃告同人曰：今而知皇上之真无权矣。至二十八日，京朝人咸知懋勤殿之事，以为今日谕旨将下而卒不下，于是益知西后与帝之不相容矣！（《谭嗣同传》）

此点康广仁最有先见之明，早已洞若观火，他在戊戌春间就说：

我国改革之期，今尚未至。且千年来，行愚民之政，压抑既久；人才乏绝；今全国之人才，尚不足以任全国之事，改革甚难有效。今科举既变，学堂既开，阿兄（康有为）宜归广东；卓如（梁早年之字）宜归湖南；专心教育之事，著书，译书，撰报，激励士民爱国之心，养成多数实用之才。三年之后，然后可大行改革也。

他的卓见，未被兴高采烈的“阿兄”及卓如采纳。到七月他又恳切地说：

……自古无主权不一之国而能成大事者。今皇上天亶睿圣，然无赏罚之权。全国大柄，皆在西后之手，而满人之猜忌如此，守旧大臣之相嫉如此，何能有成！阿兄速当出京养晦矣。……（《康广仁传》）

这可说明戊戌新党，自己也知道必然失败，是“知其不可而为之”的。

五十三　康有为本身的缺点

康有为对于“当领袖”的根本资格，其优点是：一、魄力伟大，二、精神勇猛，三、感情丰富，四、毅力坚韧。但他的缺点较多：一、胸襟不广，二、态度傲慢，三、个性执拗，四、理智不强，五、做事无序，六、缺乏科学训练，七、本身不求进，八、所学太乱，不适用于其时代（已详第二章）。而反骄然不惭，自谓贯通天地人，不免可笑。他在“百日维新”期间一生最精彩得意的生活，为他的头脑冷静理智较强的阿弟，对此有生动的描写及切中的批评。说：

新会梁启超故居

……伯兄（康有为）昼则讲学，接见人士日以数十，户外屦满。夜则代草奏稿，鼓言路，及能上摺者上言。及四月，伯兄召见后，上奏及见客益忙。夜又改定《法兰西革命记》、《突厥削弱记》、《波兰分灭记》，因频奉上命索取，故弟须一切照料。昼夜商榷。伯兄草文，皆夜深高卧，诵之于口，而弟笔之于书。其有

宜商者。即与弟辨议。即写成摺，夕上而朝行！故弟亦忙极不能行。……（《戊戌六君子遗集》康幼博茂才遗文：致口易一书）

当时康有为的生活，如此的繁忙、紊乱而仓促，纵然精力过人，其成绩也自然不会佳的。他老弟对于乃兄的批评，尤为公允而有昧。他说：

伯兄规模太广，志气太锐，包揽太多，同志太孤，举行太大！当此排者、忌者、谤者盈衢塞巷，而上又无权，安能有成？弟私窃深忧之。故常谓但能竭力废八股。俾民智能开，则危崖转石，不患不能至地。今已如愿，八股已废，力劝伯兄宜速拂衣，多陈无益，且恐祸变生也。伯兄非不知之，惟常熟（翁同龢）告以上眷至笃，万不可行。伯兄遂以感激知遇，不忍言去。……弟旦夕力言，新旧水火，大权在后，决无成功，何必冒祸！伯兄亦非不深知，以为生死有命，非所能避。……（同上）

以上真是语语洞中肯綮之言，他又指出乃兄性格的缺点，说：

伯兄思高而性执，拘文牵义，不能破绝藩篱，至于今实无他法，不独伯兄身任其难不能行，即弟向自谓大刀阔斧，荡夷薮泽者，今亦明知其危，不忍舍去。乃知古人所谓“鞠躬尽瘁。死而后已”，固有无可如何者。……（同上）

即梁氏本人，对于戊戌政变失败的原因，及“主动”领袖不可避免之缺点，亦有公正、平允、精到的自白：

戊戌维新之可贵，在精神耳。若其形式，则殊多缺点。当时举国人士，能知欧、美政治大原者，既无几人。且掣肘百端，求此失彼。而其主动者，亦未能游西域，读西书，故其措置不能尽得其当，殆势使然，不足为讳也。若其精神，则纯以国民公利公益为主；务在养一国之才，更一国之政，采一国之意，办一国之事。盖立国之大原，于是乎在，精神既立，则形式随之而进。虽有不备，不忧其后之不改良也。此戊戌维新之真相也。……（《南海康先生传》）

据梁氏的理论，则戊戌政变，本来是从失败中以求成功。即失败亦即成功。以失败促进成功。即谭氏之慷慨自愿洒热血以洗中国之腐政，亦热烈的怀望若此意耳。

五十四　满族之嫉妒排斥汉人而破坏

自洪、杨平后，西后即以积极制裁中兴大臣为唯一政策，故彭玉麟宁可解除兵柄，至杭州西湖三潭印月的退省庵中做一渔夫，而绝不肯至京就任兵部尚书。梁任公尝叹息着说：

中兴诸勋臣，所以不能兴维新之治者，亦畏那拉氏之猜忌悍忍。而不敢行其志也。……曾国荃初复江南，旋即罢职闲居，曾国藩之胆于是寒矣，左宗棠班师入觐，解其兵权，召入枢垣，阴掣其肘也。故甫及一月，而已不安其位矣。目余百端，无不类是，亦何怪其灰心短气。而无能为役也。……（《中国积弱溯源论》）。

至于在捻、苗平定后，戊戌政变以前，这一段期间，正是事实上汉人立军功、握政权、地方督抚分取中央大权之时，此时，一些无知的满人嫉妒愤恨之气，郁而未发，但时时流露。譬如：

> 昔有某西人语某亲王曰："贵国（清）之兵太劣，不足与列强驰骋于疆场，盍整顿！"某亲王曰："吾国之兵，用以防家贼而已！"……（《中国积弱溯源论》）

凶悍的满人，更公然造作妖言，危词耸听，公然昌言以排汉：

> 不宁唯是。满汉界限之见，日深一日。遂于近年，遂有如刚毅辈造出"汉人强，满洲亡！汉人疲，满洲肥！"之十二字诀以乱天下！……（同上）

至于戊戌政变之前夕，则"防家贼"的声浪，愈唱而愈高。梁氏自述：

> 夫满、汉之界，至今日而极矣。……满人……无端忽焉画鸿沟以限之曰："某事者，汉人之私利也。某事者，汉人之阴谋也。"虽有外患，置之不顾，而唯以"防家贼"为言！夫国家既以"贼"视其"民"，则"民"之以"贼"自居，固其所也。……（《论变法必自平满汉之界始》）

彼满人既侮辱吾全体汉族为"家奴"、为"家贼"，当满廷之割土地于异国时，他们所承秉唯一的政策，为"宁与仇人，不与家奴"！此又清末全国人人所深知者。而其设兵的对象，乃专以虐杀我汉族——"家贼"为目的！这样看来，则康、梁等谋戊戌维新，不但命定的绝对失败，反觉何必多此一举，只有“以贼自居”以武力革其命耳。

在“百日维新”期间，满洲人闹鬼的趣事，尤为笑话百出；梁氏说：

> 满人之仇视皇上也，谓皇上有私爱于汉人，有偏憎于满人！……
>
> 今满洲某大臣之言曰：“变法者，汉人之利也，而满人之害也”，满人之阻挠变法，或于斯言也。……（《论变法必自平满汉之界始》）

在这样受满人排挤、压迫、攻击之下，“维新救国”，“变法图强”，真是一个荒唐的幻想。

五十五　守旧分子的死力阻挠

不唯一事无能、感觉生存威胁之满洲朝贵视变法维新有如蛇蝎，即中国之“准汉奸”，全禄位、保妻子之大小官僚，亦视变法维新为“打破饭碗”之祸根，故亦出死力以反对。况中国自雍正、乾隆以后，压抑民气、愚蒙民智之政策，无所不用其极；百年之后，甚至整个民族的“人生观”，亦为之改变！梁氏所谓：

> ……乃今世之持论者，……曰安静也，曰持重也，曰老成也，皆誉人之词也。曰喜事也，曰轻进也，曰纷更也，皆贬人之词也。举之莫敢废，废之莫敢举。一则曰依成法，再则曰查旧例，务使全国之人，如木偶，如枯骨，入于瞶然不动之域，然后已！（《中国积弱溯源论》）

谭嗣同更痛切论之云：

> 处事不计是非，而首禁更张“躁妄喜事”之名立，百端由是废弛矣。用人不问贤不肖，而多方遏抑。“少年意气”之论起。柄权则颓暮矣。陈言者，则命之曰：“希望恩泽。”程功者，则命之曰“露才扬己”。……统政府六部、九卿、督抚、司道之所朝夕孜孜不已者，不过力制四万万人之动，絷其手足。涂塞其耳目，尽驱以入乎一定不移之乡愿格式！……教安得不亡，种类安得可保也！（《仁学》）

在戊戌以前，既以是为牢不可破之“国是”；及新法既见之实施，则彼辈更感觉得实际的切肤之痛了。此中症结，梁氏亦早已深知：

> ……今守旧党之阻挠变法也，非实有见于新法之害也。吾所挟以得科第者曰八股，今一变而务实学，则吾进身之阶将绝也。吾所恃以致高位者曰资格，今一变而任才能，则吾骄人之具将穷也。吾所藉以充私囊者曰舞弊，今一变而核名实，则吾子孙之谋将断也。然犹不止此，吾今日所以得内位卿贰、外拥封疆者，不知经若干年之资俸，经若干辈之奔竞而始能获也。今者循常习故，不办一事，从容富贵，穷奢极欲，已可生得大拜，死谥“文端”，家财溢百万之金，儿孙阶一品之荫。若一日变法，则凡任官者皆须办事，吾将奉命而事耶，则既无学问，又无才干，并无精力，何以能办！将不办耶，则安肯舍吾数十年资俸奔竞，千辛万苦所得之高官，决然引退，以避贤者之路哉！故反覆计较，莫如出死力以阻挠之。尽全国千万数之守旧党人，不谋而同心，异喙而同辞，他事不顾，而惟阻挠变法，……未有艾也。……

（《论变法后安置守旧大臣之法》）

梁氏乃欲仿日本明治维新安置封建藩侯之法，以高位贵爵不视事而坐食厚禄以处置此辈，无奈清德宗之绝无寸柄啊！

我欲望鲁兮，龟山蔽之。
手无斧柯，奈龟山何！

附　　录

三十自述

（1902 年）

“风云入世多，日月掷人急。如何一少年，忽忽已三十。”此余今年正月二十六日在日本东海道汽车中所作《三十初度口占》十首之一也。人海奔走，年光蹉跎，所志所事，百未一就，揽镜据鞍，能无悲惭？擎一既结集其文，复欲为作小传。余谢之曰：“若某之行谊经历，曾何足有记载之一值。若必不获已者。则人知我，何如我之自知？吾死友谭浏阳曾作‘三十自述’，吾毋宁效颦焉。”作《三十自述》。

余乡人也。于赤县神州，有当秦汉之交，屹然独立群雄之表数十年，用其地，与其人，称蛮夷大长，留英雄之名誉于历史上之一省。于其省也，有当宋元之交，我黄帝子孙与北狄异种血战不胜，君臣殉国，自沉崖山，留悲愤之纪念于历史上之一县。是即余之故乡也。乡名熊子，距崖山七里强，当西江入南海交汇之冲，其江口列岛七，而熊子宅其中央。余实中国极南之一岛民也。先世自宋末由福州徙南雄，明末由南雄徙新会，定居焉。数百年栖于山谷，族之伯叔兄弟，且耕且读，不问世事，如桃源中人。顾闻父老口碑所述，吾大王父最富于阴德，力耕所获，一粟一帛，辄以分惠诸族党之无告者。王父讳维清，字镜泉，为郡生员，例选广文，不就。王母氏黎。父名宝瑛，字莲涧，夙教授于乡里。母氏赵。

余生同治癸酉正月二十六日，实太平国亡于金陵后十年，清大学士曾国藩卒后一年，普法战争后三年，而意大利建国罗马之岁也。生一月而王母黎卒。逮事王父者十九年，王父及见之孙八人，而爱余尤甚。三岁仲弟启勋生，四五岁就王父及母膝下授四子书、《诗经》，夜则就睡王父榻，日与言古豪杰哲人嘉言懿行，而尤喜举亡宋、亡明国难之事，津津道之。六岁后，就父读，受《中国略史》、五经卒业。八岁学为文。九岁能缀千言。十二岁应试学院，补博士弟子员，日治帖括，虽心不慊之，然不知天地间于帖括外，更有所谓学也，辄埋头钻研，顾颇喜词章。王父、父母时授以唐人诗，嗜之过于八股。家贫无书可读，唯有《史记》一、《纲鉴易知录》一，王父、父日以课之，故至今《史记》之文，能成诵八九。父执有爱其慧者，赠以《汉书》一、姚氏《古文辞类纂》一，则大喜，读之卒业焉。父慈而严，督课之外，使之劳作，言语举动稍不谨，辄呵斥不少假借，常训之曰："汝自视乃如常儿乎！"至今诵此语不敢忘。十三岁始知有段、王训诂之学，大好之，渐有弃帖括之志。十五岁，母赵恭人见背，以四弟之产难也，余方游学省会，而时无轮舶，奔丧归乡，已不获亲含殓，终天之恨，莫此为甚。时肄业于省会之学海堂，堂为嘉庆间前总督阮元所立，以训诂词章课粤人者也。至是乃决舍帖括以从事于此，不知天地间于训诂词章之外，更有所谓学也。己丑年十七，举于乡，主考为李尚书端棻，王镇江仁堪。年十八计偕入京师，父以其稚也，挈与偕行，李公以其妹许字焉。下第归，道上海，从坊间购得《瀛环志略》，读之，始知有五大洲各国，且见上海制造局译出西书若干种，心好之，以无力不能购也。

其年秋，始交陈通甫。通甫时亦肄业学海堂，以高才生闻。既而通甫相语曰："吾闻南海康先生上书请变法，不达，新从京师归，吾往谒焉，其学乃为吾与子所未梦及，吾与子今得师矣。"于是乃因通甫修弟子礼事南海先生。时余以少年科第，且于时流所推重之训诂词章学，颇有所知，辄沾沾自喜。先生乃以大海潮音，作狮子吼，取其所挟持之数百年无用旧学更端驳诘，悉举而摧陷廓清之。自辰入见，及戌始退，冷水浇背，当头一棒，一旦尽失其故垒，惘惘然不知所从事，且惊且喜，且怨且艾，且疑且惧，与通甫联床竟夕不能寐。明日再谒，请为学方针，先生乃教以陆王心学。而并及史学、西学之梗概。自是决然舍去旧学，自退出学海堂，而间日请业南海之门。生平知有学自兹始。

辛卯余年十九，南海先生始讲学于广东省城长兴里之万木草堂，徇通甫与余之请也。先生为讲中国数千年来学术源流、历史政治、沿革得失，取万国以比例推断之。余与诸同学日札记其讲义，一生学问之得力，皆在此年。先生又常为语佛学之精奥博大，余夙根浅薄，不能多所受。先生时方著《公理通》、《大同学》等书，每与通甫商榷辨析入微，余辄侍末席，有听受，无问难，盖知其美而不能通其故也。先生著《新学伪经考》，从事校勘；著《孔子改制考》，从事分纂。日课则宋元明《儒学案》、二十四史、《文献通考》等，而草堂颇有藏书，得恣涉猎，学稍进矣。其年始交康幼博。十月，入京师，结婚李氏。明年壬辰，年二十，王父弃养，自是学于草堂者凡三年。

甲午年二十二，客京师，于京国所谓名士者多所往还。六月，日本战事起，惋愤时局，时有所吐露，人微言轻，莫之闻也。顾益读译书，治算学、地理、历史等。明年乙未，和议成，代表广东公车百九十人，上书陈时局。既而南海先生联公车三千人，上书请变法，余亦从其后奔走焉。其年七月，京师强学会开，发起之者，为南海先生，赞之者为郎中陈炽，郎中沈曾植，编修张孝谦，浙江温处道、袁世凯等。余被委为会中书记员。不三月，为言官所劾，会封禁。而余居会所数月，会中于译出西书购置颇备，得以余日尽浏览之，而后益斐然有述作之志。其年始交谭复生、杨叔峤、吴季清铁樵、子发父子。

京师之开强学会也，上海亦踵起。京师会禁，上海会亦废。而黄公度倡议续其余绪，开一报馆，以书见招。三月去京师，至上海，始交公度。七月《时务报》开，余专任撰述之役，报馆生涯自兹始，著《变法通议》、《西学书目表》等书。其冬，公度简出使德国大臣，奏请偕行，会公度使事辍，不果。出使美日秘大臣伍廷芳，复奏派为参赞，力辞之。伍固请，许以来年往，既而终辞，专任报事。丁酉四月，直隶总督王文韶、湖广总督张之洞、大理寺卿盛宣怀，连衔奏保，有旨交铁路大臣差遣，余不之知也。既而以札来，粘奏折上谕焉，以不愿被人差遣辞之。张之洞屡招邀，欲致之幕府，固辞。时谭复生宦隐金陵，间月至上海，相过从，连舆接席。复生著《仁学》，每成一篇，辄相商榷，相与治佛学，复生所以砥砺之者良厚。十月，湖南陈中丞宝箴、江督学标，聘主湖南时务学堂讲席，就之。时公度官湖南按察使，复生亦归湘助乡治，湘中同志称极盛。未几，德国割据胶州湾事起，瓜分之忧，震动全国，而湖南始创南学会，将以为地方自治之基础，余颇有所赞画。而时务学堂于精神教育，亦三致意焉。其年始交刘裴邨、林暾谷、唐绂丞，及时务学堂诸生李虎村、林述唐、田均一、蔡树珊等。

明年戊戌，年二十六，春大病几死，出就医上海，既痊，乃入京师。南海先生方开保国会，余多所赞画奔走。四月，以徐侍郎至靖之荐，总理衙门再荐，被召见，命办大学堂译书局事务。朝廷锐意变法，百度更新。南海先生深受主知，言听谏行，复生、暾谷、叔峤、斐邨，以京卿参预新政，余亦从诸君子之后，黾勉尽瘁。八月政变，六君子为国流血。南海以英人仗义出险，余遂乘日本大岛兵舰而东。去国以来。忽忽四年矣。

戊戌九月至日本，十月与横滨商界诸同志，谋设《清议报》。自此居日本东京者一年，稍能读东文，思想为之一变。己亥七月，复与滨人共设高等大同学校于东京，以为内地留学生预备科之用，即今之清华学校是也。其年美洲商界同志，始有中国维新会之设，由南海先生所鼓舞也。冬间美洲人招往游，应之。以十一月首途，道出夏威夷岛，其地华商二万余人，相执留，因暂住焉，创夏威夷维新会。适以治疫故，航路不通，遂居夏威夷半年，至庚子六月，方欲入美，而义和团变已大起，内地消息，风声鹤唳，一日百变。已而屡得内地函电，促归国，遂回马首而西，比及日本，已闻北京失守之报。七月急归沪，方思有所效，抵沪之翌日，而汉口难作，唐、林、李、蔡、黎、傅诸烈，先后就义，公私皆不获有所救。留沪十日，遂去，适香港。既而渡南洋，谒南海，遂道印度，游澳洲，应彼中维新会之招也。居澳半年，由西而东，环洲历一周而还。辛丑四月，复至日本。

尔来蛰居东国，忽又岁余矣，所志所事百不一就，惟日日为文字之奴隶。空言喋喋，无补时艰，平旦自思，只有惭悚。顾自审我之才力，及我今日之地位，舍此更无术可以尽国民责任于万一。兹事虽小，亦安得已。一年以来，颇竭绵薄，欲草一《中国通史》以助爱国思想之发达，然荏苒日月，至今犹未能成十之二。惟于今春为《新民丛报》，冬间复创刊《新小说》，述其所学所怀抱者，以质于当世达人志士，冀以为中国国民道铎之一助。呜呼！国家多难，岁月如流，渺渺之身，力小任重。吾友韩孔广诗云："舌下无英雄，笔底无奇士。"呜呼，笔舌生涯，已催我中年矣！此后所以报国民之恩者。未知何如？每一念及，未尝不惊心动魄，抑塞而谁语也。

孔子纪元二千四百五十三年壬寅十一月，任公自述。

（附）我之为童子时

我所爱之童子乎，汝若不知我为谁，问汝先生及汝父兄，或能告汝。汝欲听我为童子时之故事乎？我大半忘记，所记一二，请以语汝。

我为童子时，未有学校也。我初认字，则我母教我，直至十岁，皆受学于我祖父、我父。我祖父母及我父母皆钟爱我，并责骂且甚少，何论鞭挞？然我亦尝受鞭三次，至今犹历历可记，汝等愿闻此老受鞭之故乎？

我家之教，凡百罪过，皆可饶恕，惟说谎话，斯不饶恕。我六岁时，不记因何事，忽说谎一句，所说云何，亦已忘却，但记不久即为我母发觉。时我父方在省城应试也。晚饭后，我母传我至卧房，严加盘诘。我一入房，已惊骇不知所措。盖我母温良之德，全乡皆知。我有生以来，只见我母终日含笑，今忽见其盛怒之状，几不复认识为吾母矣。我母命我跪下受考问。我若矢口自承其罪，则此鞭或遂逃却，亦未可知。无奈我忽睹母威，仓皇失措，妄思欺饰以霁母怒。汝等试思母已知我犯罪，然后发怒，岂复可欺饰者？当时我以童子无识，出此下策，一何可笑！汝等勿笑，可怜我稚嫩温泽之躯，自出胎以来，未尝经一次苦楚，当时被我母翻伏在膝前，力鞭十数。我母当时教我之言甚多，我亦不必一一为汝等告，但记有数语云："汝若再说谎，汝将来便成窃盗，便成乞丐！"汝等试思，我母之言，得毋太过否？偶然说句谎话，何至便成窃盗，便成乞丐？我母旋又教我曰："凡人何故说谎？或者有不应为之事，而我为之，畏人之责其不应为而为也，则谎言吾未尝为；或者有必应为之事，而我不为，畏人之责其应为而不为也，则谎言吾已为之。夫不应为而为，应为而不为，已成罪过矣。若已不知其为罪过，犹可言也，他日或自能知之，或他人告之，则改焉而不复如此矣。今说谎者，则明知其为罪过而故犯之也。不惟故犯，且自欺欺人，而自以为得计也。人若明知罪过而故犯。且欺人而以为得计，则与窃盗之性质何异？天下万恶，皆起于是矣！然欺人终必为人所知，将来人人皆指而目之曰，此好说谎话之人也，则无人信之。既无人信，则不至成为乞丐焉而不止也！"我母此段教训，我至今常记在心，谓为千古名言。汝等试思此为名言否耶？最可怜者，我伯姊陪我长跪半宵，犹复独哭一夜。伯姊何为哭？惧我父知之，我所受鞭扑更甚于今夕也。虽然，我伯姊之惧徒惧矣。我母爱我甚，且察我已能受教，遂未尝为我父言也。呜呼！吾母弃养将三十年矣，吾姊即世亦且十年。吾述此事，吾涕沾纸矣。汝等有母之人，须知天下爱我者，无过于母。而母之教训，实不易多得，长大而思母训，恐母不我待矣。

论中国人种之将来

（1899 年）

日本某大政党之机关报，其名曰《大帝国》，征文于余，草此应之，并以告我四万万同胞。名壮其气焉。篇中因仿效日本文体，故多委蛇沓复之病，读者幸谅之，撰者自志。

欧人中国分割之议，倡之既有年，迄于今而其声浪愈高。其视中国人，不啻如土耳其如印度，且将如阿非利加矣。自英俄协商以来，事机益迫。驯至如意大利、奥地利、比利时、丁抹、葡萄牙，皆思染指。中国之运命，殆在于旦夕。吾中国之顽固醉梦者，渺然不自知，固无论矣。其薄有所见者，则惟惴惴忧之，以为中国必亡必亡而已。日本者，与中国同其利害者也，尔来保全中国扶植中国之论，遍满于国中。然于一方亦有为反对之言者，其意盖谓中国终不能保全，虽欲扶植之而无益也。吾今故为此文，题曰中国人种之将来，以告我国民及兄弟之国民云。

凡一国之存亡，必由其国民之自存自亡，而非他国能存之能亡之也。苟其国民无自存之性质，虽无一毫之他力以亡之，犹将亡也。苟其国民有自存之性质。虽有万钧之他力以亡之，犹将存也。今日中国之现状，其受他力之横加，事机危迫，与前者之土耳其、印度、阿非利加，殆无以异，且更甚焉。然中国人种之性质，与其地位，绝非如土耳其印度阿非利加之比例。欧人欲以前此待诸国之例待我中国，决非容易之事。且不宁唯是而已。他日于二十世纪，我中国人必为世界上最有势力之人种，有可豫断言者。今天他事置不论。请专就其人种之特质而论之。一曰富于自治之力也。泰西所谓文明自由之国，其所以保全人权，使之发达者，有二端：曰参政权，曰自治权。而此两权之中，又以自治权为尤切要。此政治学者之公论也。虽然，参政权者，可以鼓国民之气，一跃而获之；自治权者，则恒因其历史习惯，积久而后成，非可以强致而骤得也。以法国人民之雄杰急进，而其自治之力不完。日本行宪法十数年，而自治体段，犹远不及英国，此殆积于习惯，无可如何也。吾中国则数千年来，有自治之特质。其在村落也，一族有一族之自治，一乡有一乡之自治，一堡有一堡之自治。其在市集也，一市有一市之自治，一坊有一坊之自治。一行有一行之自治。乡之中有所谓绅士耆老者焉，有事则聚而议之。即自治之议会也。设族长堡长，凡议定之事，交彼行之，即自治之行政官也。其一族之祖祠，一乡之庙宇，或乡局或社学，即自治之中央政府也。祖祠庙宇乡局，皆有恒产，其岁入岁出有定额。或有临时需费。则公议税其乡所产之品物，即自治之财政也。岁杪必布告其所出入。即财政之预算决算也。乡族中有争讼之事，必诉于祖祠，诉于乡局，绅士耆老，集议而公决之，非有大事，不告有司，即自治之裁判也。每乡每族，必有义学，即自治之学校也。每乡族必自设巡丁，保里干闬，禁盗贼，即自治之警察也。凡此诸端。凡关于自治之体制者。几于具备。人民之居其间者，苟非求富贵利达及犯大罪，则与地方有司，绝无关涉事件，惟每年纳钱粮地丁，即田租，少许而已。而推其所以致此之由，非历代君相，乐界吾民以此特权也。中国之地太大，人太众。历代君相，皆苟且小就，无大略，不能尽力民事。其于民仅羁縻勿绝，听其自生自养而已。我民因君相不代我谋，于是合群以自谋之。积之既久，遂养成此一种政体。故以实情论之，一国之内，实含有无数小国。朝廷之与地方团体，其关系殆仅如属国。政府与民间，痛痒不甚相关。无论何姓代有天下。而吾民之自治也如故。故民亦不甚以为意焉。此实中国人种固有之习俗，大异于诸国者也。夫政府民人，痛痒不关，爱国之心，因以薄弱。此中国人之所短也。然因痛痒不关之故，使我民养成此自治之特质，亦不幸中之幸事也。凡人有自治之性者，外力不得容易干涉之。中国所以屡为异种所统治，而不变其性俗者，盖赖此也。夫取不同化之民以为属国，如食不消化之物，积于胃中，而每足以生病。中国今虽为他人俎上之肉，而其耐消化之力，颇有足恃者，恐彼逐逐者未易下咽也。

或者曰：昔者统治中国之异种，皆游牧贱族，无有文化，故其入中国也，不能化中国，适为中国所化耳。若今日欧西文明之国，蹴踏中原，化之有方，驭之有术，吾恐中国固有自治之力，终必不保，而干涉之直易易耳。答之曰：中国人之自治，不独内地为然也。即旅居海外之工商，其自治之力量固甚厚，无论在何国，皆守其习欲，不与所寓之国同化。如南洋各埠，多有自祖父以来，居其地十数世，而其社会之习惯，一守中国之风，衣冠不变，言语不变。彼在海外且然，况于内地人民，其所积更深，其所联更大，欲一旦干涉之，凯容易哉？

或者又曰：中国人所至皆守其俗，不与他国同化，此正中国人顽固之陋习，最为各国所憎恶者，而子乃津津然道之，何其陋欤！答之曰：凡人之性质与力量，只有一源，因其所发所施而异其效用。坚守旧物固恶也，然善用之即独立不羁之根原（源）矣。舍己从人固美也，然不善用之即服从他国之根原（源）矣。我国人居于海外者，不问其外面之现象何若，而其内恒以向来自治之法治之，不肯轻于自弃以从他人，正独立之基础也。各国自憎恶之，我自誉之，庸何伤焉？

西人之言曰：凡国民向有自治权之习惯，不大经政府之干涉者，其要求参政权之会必不甚盛。我中国国民自古以来，未有如欧西各国倡自由争政权之风者，其故未始不因此也。今者全世界文明进化之运，相逼而来，自由平等之义，已浸入中国人脑中。他日独立之基础既定，采西人之政体而行之。其成就之速，必有可惊者。盖有古来习惯之自治权以为之基，一蹴可以立至矣。此中国人种之将强，其原因一也。

二曰有冒险独立之性质也。欧洲人所以雄于世界者，以其人喜冒险远游也。而我中国人亦颇富于此性质。五大洲之域，无地无中国人之足迹焉。且彼西人之远游者，其国家奖劝之，赞助之，保护之。风气既成，国民视为乐途。其惯冒险喜远游，未足以为夸也。而我中国则国家非惟不劝助之，且禁制之；非惟不保护之，且鱼肉之。而我民有不挫不挠之气，而自殖于世界各地焉。南洋英属荷属诸岛，为中国人最初发见者十居五六。我民与吐蕃战，夺其地垦而居之，因国家不助，独力不支，后乃举而畀诸英荷者，比比然也。当国家海禁极严之时，而吾民之游海外扩土地长子孙者，已不知凡几。非有独立冒险之性而能若是耶？方今虽设公使领事，以保护商民为名，其实则如木偶，甚乃择商民之肥者而噬之耳。彼各国民之旅居他国者，其本国政府，噢咻之抚育之。如保姆之护婴儿。吾中国则反是，旅居他国者数百万人，譬之则如弃儿也，上无怙恃，下无扶助，而吾民乃能自殖于人种竞争最烈之世，所至各地常为其地最有关系之人，此亦天下万国无其比例者也。以如此之人种。如此之性质，使有国家以教育之保护之，其必不让欧西以独步也明矣。昔西人动以印度、土耳其比我中国。试问印度土耳其人，有此冒险独立之征验否乎？要之不依赖国家之力而能独立者，此我中国人之所长也。中国人种之将强，其原因二也。

今日全世界之地，其已开通者，不过欧罗巴之全境，与亚细亚、北阿美利加之半境，澳大利亚三分之一而已。其余诸地，尚在草昧之域。彼西人高遗蹠之手段，非不欲尽取而垦辟之繁通之也，无如强弩之末，不能穿鲁缟。以欧人之力，仅仅开通北美澳洲而止矣，犹尚且多假手于我中国人。若南洋诸岛，则中国开之，欧人坐而食之耳。其余南美阿非利加之地，虽归其辖属，然阅尔许年，不能增其繁荣，发其光彩也。此无他故，欧洲之人只有此数，其势固不足以分配（即遍布充塞之意）于大地。而其人开明之度既日进，分利之人（即执高等事业者）愈多，而生产之人（即任劳力者）愈少。夫辟未辟之地者，最劳苦而所得最少之事也。欧洲人之力量，既不足更辟未辟之地，于是乃垂涎于他人之已辟者，思一举而篡取之。今者舍非洲南美之地，不复以全力经营。而眈眈逐逐，谋我中国；不能以实力相争，而欲以巧智攘夺，其无道固可愤，其无力亦可怜也。他日能有实力以开通全世界者谁乎？即我中国人种是也。

三曰长于学问，思想易发达也。我中国于周、秦之间，诸子并起，实为东洋思想之渊海。视西方之希腊，有过之无不及。政治上之思想，社会上之思想，艺术上之思想，皆有亭毒六合包罗万象之观。中世以还，国势统一，无外国之比较，加以历代君相，以愚民为术，阻思想之自由，故学风顿衰息，诚有如欧洲之所谓黑暗时代者。夫欧洲所以有今日之文明者，因十字军以后。外之则赍来埃及印度远东之学术，内之则发明希腊固有之学术。古学复兴，新学继起，因蒸蒸而日上耳。中国今日之时局，正有类于是。外之则受欧洲输入之种种新学，内之则因国民所固有历史所习惯的周秦古学，而更加发明，加以现今政府威压之力，不能实行，言论思想之自由，不能遏禁。自今以往，我国民思想之突飞，必有不可思议者。吾尝在湖南，见其少年子弟，口尚乳臭，目不识蟹文，未尝一读欧西之书，而其言论思想，新异卓越，洞深透辟，与西人学理暗合者，往往而有。然则中国人种之脑力，不让于欧西明矣。昔佛学之入中国，经智顗、玄奘、六祖之徒发明之，自成一种中国之佛学，非复寻常之佛学。他日欧学入中国，消化于中国人之脑中，必当更发奇彩，照耀于全世界，自成一种中国之欧学，非复寻常之欧学者。此我中国人之擅长也。我邦人昔留学于欧美者，所在每冠其曹。今学成因归国无所用，而流寓于彼中者，尚不乏人。亦可证我中国人长于学问，而非彼半开人种之所能比例也。中国人种之将强，其原因三也。

四曰民人众多，物产沃衍，善经商而工价廉，将握全世界商工之大权也。十九世纪，为政治上竞争革命之时代。二十世纪，为经济上竞争革命之时代，此有识者之公言也。而经济上竞争之大权，实握于劳力工人之手。近年以来，同盟罢工之案，络绎不绝。各国之经济界，屡受牵动，资本家深患之。夫以今日世界文明日进之故，百物腾踊，起居饮食所需，皆倍于昔时。工人以微薄之俸给，不足以赡日用，其求增工价固宜也，然因工价日增之故，则物价不得不随之而增。物价更增一级，则工价亦更增一级。如是相引，以至无穷。于是资本家与消费者，与劳力者，皆受其病。夫白种人以垄断之手段，促工业之进步，其意殆欲使全世界需用之物品，悉成于白种人之手。而无如世界开明之度日进，而白种之人，只有此数，其人口增加之速率，与全世界销用物品增加之速率，终不足以相敌。劳力者常处于不足之势，因得有所挟以持资本家之短长。于此时也，非有外力以调剂之，他日之决裂，有不胜其祸者。而当此调剂之任者为谁？则我中国人种是也。中国人数众多，耐劳苦而工价廉，此白种劳力人之所最忌也。故其排斥之，不遗余力。然排斥者，白人自护其私耳。天下之大势，既日趋于文明，即日趋于均平，固非一种之人之私心所能遏制也。以中国四百兆人之资本劳力插入于全世界经济竞争之场，迭相补助，然后畸轻畸重之间，不至大相悬绝，而社会上之危险，乃可以免。此乃二十世纪全世界一大进化之根原（源），而天运人事所必不可避者也。然则此进化之关键，惟我中国人种得而掌握之。我中国人顾可轻量乎？顾可自弃乎？商务者经济竞争之眼目也，而欧美人持之以制他种人之生命者也。然我中国人善于经商之性质，实有可惊者。吾尝见我旅居海外之商人，其人未尝入商业之学校，未尝经商会之讲求，而其举动行为，一切与商业学理暗合。其经商之始，非有巨大之资本也。乃至有不名一钱，持空拳以游于商界，不数年遂成素封之家者，比比然也。其人又非有政府之保护，有内地之扶助，而皆能自立，此实其特质之可惊者也。故尝以中国之商与欧美之商相比较，欧美人经学问，而后能经商，中国人未经学问而已能经商。欧美人有大资本而后能经商，中国人不必有大资本而即能经商。欧美人得保护而后能经商，中国人不必得保护亦能经商。然则其商力之强弱优劣，可以见矣。他日者我中国人，加以学问，厚其资本，而复有以保护之，则其商力必冲突披靡于全球，可断言也。今者西人制造物品之原料一切皆取材于东方，运取东方之物，制为西方之产，而复售于东方之人，犹且足以垄断全球之利权，况我东人自出之自制之而自销用之乎？夫昔者我中国在海外之商，其力颇宏大，而在内地之商，其力转微弱者，以内地政体不善，压力多端，污吏奸侩，种种为商之大蠹故耳。他日变更政体，压力既去，其固有之力，皆当发现。而泰西人历年所发明之机器，与其所讲求之商业商术，一举而输入于中国，中国人受之，以与其善经商之特质相合，则天下之富源，必移而入中国人之手矣。此中国人种之将强。其原因四也。

有此四原因，规以地势，参以气运，则中国人于来世纪必为世界上最有势力之人种，此非吾谶之言也。虽然，此不过其当然之理而已。天下事固不能委心任运，以待当然者之自至也。必加以人力，乃足以促其机而助其进。所谓人力者何？一曰合大群，二曰开人智。此二者我中国人人所当有事也，亦我兄弟之国民所当赞助也。

论中国国民之品格

（1903 年）

品格者人之所以为人，藉以自立于一群之内者也。人必保持其高尚之品格，以受他人之尊敬，然后足以自存。否则人格不具，将为世所不齿。个人之人格然。国家之人格亦何莫不然？

国有三等，一曰受人尊敬之国。其教化政治卓然冠绝于环球，其声明文物，烂然震眩于耳目，一切举动，悉循公理，不必夸耀威力，而邻国莫不爱之重之。次曰受人畏慑之国。教化政治非必其卓绝也，声明文物非必其震眩也，然挟莫强之兵力，虽行以无道，犹足以鞭笞群雄，而横绝地球，若是者邻国虽疾视不平，亦且侧目重足，动色而群相震慑。至其下者。则荥然不足以自立，坐听他人之蹴踏操纵，有他动而无自动，其在世界，若存若亡矣。若是者日受人轻侮之国。

第一种国，以文明表著如美者也。第二种国，以武力雄视如俄者也。第三种国，文明武力皆无足道，如埃及、印度、越南、朝鲜者也。国于天地者殆以百数，然第其国势，不出三者。我中国固国于大地之一国也，三者其何以自处？中国者文明之鼻祖也，其开化远在希腊罗马之先。二千年来，制度文物。灿然照耀于大地。微特东洋诸国之浴我文化而已，欧洲近世物质进化，所谓罗盘针火药印刷之三大发明，亦莫非传自支那，丐东来之余沥。中国文明之早，固世界所公认矣。至于武功之震烁，则隋唐之征高丽，元之伐日本，明之讨越南，兵力皆远伸于国外。甚者二千年前，汉武帝凿通西域，略新疆青海诸地，绝大漠，逾天山，越帕米尔高原，度小亚细亚，而威力直达于地中海之东岸。读支那人种之侵略史，东西人所不能不色然以惊者也。数百年来，文明日见退化，五口通商而后，武力且不足以攘外。老大帝国之丑声，嚣然不绝于吾耳。昔之浴我文化者，今乃诋为野蛮半化矣。昔之慑我强盛者，今乃诋为东方病夫矣。乃者翦藩属，副要港，议瓜分，夺主权。曩之侮以空言者，今且侮以实事，肆意凌辱，咄咄逼人。彼白人之视我，曾埃及、印度诸国之不若。祖国昔日之名誉光荣一旦扫地以尽，遂自第一第二之位置，颓然堕落于三等。谁实为之，而至于此？

且夫四百余州之地，未尝狭于曩时也。人口之蕃殖。其数几倍于百年以前。然东西诸国，乃以三等之国遇我者何也？曰：人之见礼于人也，不视其人之衣服文采，而视其人之品格。国之见重于人也。亦不视其国土之大小，人口之众寡，而视其国民之品格。我国民之品格，一埃及印度人之品格也，其缺点多矣，不敢枚举，举其大者。

一爱国心之薄弱。支那人无爱国心，此东西人诋我之恒言也。吾闻而愤之耻之，然反观自省，诚不能不谓然也。我国国民，习为奴隶于专制政体之下，视国家为帝王之私产，非吾侪所与有，故于国家之盛衰兴败，如秦人视越人之肥瘠，漠然不少动于心，无智愚贤不肖，皆皇然为一家一身之计。吾非敢谓身家之不当爱也。然国者身家之托属，苟非得国家之藩楯，以为之防其害患，谋其治安，则徒挈此无所托属之身家，累累若丧家之狗，皮之不存，毛将焉附？势必如犹太人之流离琐尾，不能一日立于天壤之间。然非先牺牲其身家之私计。竭力以张其国势，则必不能为身家之藩楯，为我防害患而谋治安。故夫爱国云者，反言之直自爱而已。人而不知自爱，固禽兽之不若矣，人而禽兽不若，尚何品格之足言耶？尚何品格之足言耶？

一独立性之柔脆。独立有二义，一曰有自力而不倚赖他力，一曰有主权而不服从他权。然倚赖为因，服从为果。孩稚仰保姆之哺抱，故受其指挥。奴隶待主人之豢养，故服其命令。孩稚奴隶，二者皆未具人格者也。若夫完具人格之人，则不倚赖他人而可以自立，自不肯服从他人而可以自由。苟或侵夺其主权，则必奋起抗争，虽至糜首粉身，必不肯损辱丝毫之权利，以屈服于他人主权之下。此人道之所以尊贵，而国权之所由张盛也。荷兰蕞尔之国耳，见围于路易十四，窘蹙无以自存，其国民强立不挠，乃尽撤堤防，决北海之洪流以灌没其国，宁举全国之土地财产家室坟墓，尽掷之巨浸之中，宁漂流无归，保独立于舰队之上，必不肯屈志辱身，隶人藩属，受他族之辖治，以污玷人民之名誉，损辱国家之主权。呜呼，读荷法之战史，其国民雄伟之品格，犹令人肃然起敬，悚然动容。我国民不自树立，柔媚无骨，惟奉一庇人宇下之主义。暴君污吏之压制也服从之。他族异种之羁轭也亦服从之。但得一人之母我，则不惜为之子；但得一人之主我，则不惮为之奴。昨日抗为仇敌，而今日君父矣；今日鄙为夷狄，而明日神圣矣。读二十四朝易姓之史，睹庚子以来京津之事，不自知其赧愧汗下也，品格之污下贱辱，至此极矣！

一公共心之缺乏。人者，动物之能群者也。置身物竞之场，独力必不足以自立，则必互相提携，互相防卫，互相救恤，互相联合，分劳协力，联为团体以保治安。然团体之公益，与个人之私利，时相枘凿而不可得兼也，则不可不牺牲个人之私利，以保持团体之公益。然无法律以制裁之，无刑罚以驱迫之，惟恃此公德之心以维此群治，故公德盛者其群必盛，公德衰者其群必衰。公德者诚人类生存之基本哉。我国人同此人类，非能逃于群外也，然素缺于公德之教育，风俗日习于浇漓，故上者守一自了主义，断断然束身寡过，任众事之废堕芜秽，群治之弛纵败坏，惟是塞耳瞑目，不与闻公事以为高。下者则标为我为宗旨，先私利而后公益，嗜利无耻，乘便营私。又其甚者，妨公益以牟私利，倾轧同类，独谋垄断，乃至假外人之威力以朘剥同胞，为他族之伥鬼以搏噬同种，谋丝毫之小利，图一日之功名，不惜歼其群以为之殉。呜呼！道德之颓荡至此，是亦不仁之甚，可谓为人道之蟊贼者矣。

一自治力之欠阙。英人恒自夸于世曰，五洲之内，无论何地，苟有一二英人之足迹，则其地即形成第二之英国。斯固非𢮿之大言也。盎格鲁撒逊人种，最富于自治之力，故其移殖他地，即布其自治之制度，而规律井然，虽寥落数人，其势已隐若敌国。是以英国殖民之地，遍于日所出入之区。中国人之出洋者亦众矣，然毫无自治之能力。漫然绝无纪律，故虽有数百万人，但供他人之牛马，备他人之奴隶，甚者以赌博械斗吸食鸦片污秽不洁为他人所唾骂不齿，藉口而肆言驱逐。且非独在外而已，在内亦莫不然。故中国者一凌乱无法之国也，中人者一放荡无纪之国民也。夫合人人以成群，即有以善此群者之团治，以一群之人，分治此一群之事，而复有法律以划其度量分界，故事易举而人不相侵。中国人缺于自治之力，事事待治于人。治之者而善也，则大纲粗举，终不能百废俱兴也。治之者而不善，则任其弛堕毁败，束手而无可如何。然中国治人者能力之程度。去待治者不能以寸也，故一群之内，错乱而绝无规则，凡桥梁河道墟市道路以至一切群内之事，皆极其纷杂芜乱，如散沙，如乱丝，如失律败军，如泥中斗兽，从无一人奋起而整理之。一府如是，一县如是，一乡一族亦罔不如是。至于私人一身，则最近而至易为力者矣，然纷杂芜乱亦复如是。其器物不置定位，其作事不勒定课，其约束不循定期，其起居饮食不立定时，故其精神则桎梏束缚，曾无活泼之生气，独其行为举动，则荡然一任自由。呜呼！文明野蛮之程度，视其有法律无法律以为差耳。不能自事其事，而徒纵其无法律之自由，彼其去生番野蛮也曾几何矣！

此数者，皆人道必不可缺之德，国家之元气，而国民品格之所以成具者也。四者不备，时曰非人。国而无人，时曰非国。非人非国，外人之轻侮又乌足怪也？然我中国人种，固世界最膨胀有力之人种也。英法诸人，非惊为不能压抑之民族，即诧为驰突世界之人种，甚者且谓他日东力西渐，侵略欧洲，俄不能拒，法不能守，惟联合盎格鲁撒逊同盟庶可抵其雄力。迩来黄祸之声，不绝于白人之口。故使我为红番黑人，斯亦已耳，我而为膨胀人种，不蓄扩其势力。发挥其精神，养成一伟大国民，出与列强相角逐，顾乃萎靡腐败，自污自点，以受他人之辱侮宰割，无亦我国民之不知自重也。伽特曰，人各立于已所欲立之地。孔子曰，我欲仁斯仁至。吾人其有伟大国民之欲望乎？则亦培养公德，磨砺政才，剪劣下之根性，涵远大之思想，自克自修，以蕲合于人格。国民者个人之集合体也。人人有高尚之德操。合之即国民完粹之品格。有四万万之伟大民族，又乌见今日之轻侮我者，不反而尊敬我畏慑我耶？西哲有言，外侮之时，最易陶成健强之品格。我国民倘亦利用此外侮，以不负其玉成耶。不然，读罗马末路之史，念其衰亡之原因，不能不为我国民栗然惧也。

论独立

（1903 年）

独立者，与隶属对待之名词也。英人谓隶属为 Dependent，而 Independent 即为独立。故不能独立，斯为隶属；不为隶属，当求独立。

独立者，自有主权，而不服从于他人者也。荷兰之被围于路易十四也，大兵压境，窘蹙而不能自存。然荷兰人不肯损弃其主权以服从于法人，乃撤其御水之堤防，决北海以灌没其国都。宁尽举其土地、都邑、田园、庐墓掷之洪流，而必保其自主之国权于舰队之上，强毅不挠，而荷兰遂以独立。美之隶于英也，蜷伏为其属土。日受重税之轭制，美人不肯捐弃主权以服从于英人，乃举兵抗争。八年血战，宁尽歼十三州之人民，而必欲脱离母国，务使星条之国旗，飞扬于北美之大陆，坚忍不屈，而美国遂以独立。意大利之中衰也，东县于法，西轭于奥，中央隶于西班牙。山河破碎，数百年呻吟憔悴于教政帝政之下。意人不肯捐弃其主权以服从他人，乃树其青白赤三色之国旗，奋起革命，以谋国家之统一。一败于拿破仑，再败于桑安启罗，三败于肥拉夫兰卡，而卒能合并南北之意大利，排斥异族，建一新罗马之名邦，一往无前，而意大利卒以独立。比利时脱荷兰之统治而分离。希腊绝土耳其之羁绊而自立，匈牙利斥奥大利之干涉而特别自治，其余诸国，若罗马尼亚，若塞尔维亚，若门的内哥，虽以蕞尔弹丸，亦必求于异族之掌中夺回主权，而自建新国。彼诸国者，其土地有广狭，其人民有众寡，其国势有强弱，然国于欧美列强之间，类皆享平等之权利，握自主之国权，而国家之内政、国民之自由。皆丝毫不受外人之干涉者也。壮矣哉！独立之国。伟矣哉！独立之国民。

国者，积民而成体者也。国能保其独立之威严，必其国民先富于独立之性质。我中人以服从闻于天下也，久矣。二千余年俯首蜷伏于专制政体之下，以服从为独一无二之天职。抚我而后也，固不忍不服从；虐我而仇也，亦不敢不服从。但得他人父我，则不惜怡色柔声而为之子；但得他人主我，则不惮奴颜婢膝而为之奴。一若无父主之怙恃，则孤儿逐仆，将伶仃孤苦，不能自立于天地。养成服从之习惯，深种奴隶之根性，故草泽之剧贼大盗，幸而蹑足九五，则四海归以讴歌；他国之异族胡人，一旦攘夺神器，则亿兆为之臣妾。今日仇敌，明日父母；今日蛮夷，明日神圣。外人稔知我中人为服从强者之人种，必无强悍抵抗之足畏者也，则割略我土地，干涉我内政，握夺我主权，奴视我民族。我中人止知尽其天职而已，向可服从于甲者，今何不可服从于乙？于是四百余州，遂为欧美列强之公藩属；四亿万人，遂为欧美列强之公奴隶。以泱泱大国，而曾不得与荷兰、比利时、希腊、罗马尼亚齿，哀哀同胞，胡独立性质缺乏若斯之极也！

然而藩属奴隶，固天下至惨极酷之境遇，而亦丑贱最不名誉之名词也，我中人宁必好人所恶，而乐为此服从哉？察其服从之病，其根源悉生于倚赖。英人之言曰："吾英人不以金钱财产留贻子孙，所留贻于子孙者，金钱所不能购买、财产所不能蓄积之敢为活泼之精神，独立自活之能力而已。"是以盎格鲁撒逊人种类，皆有强矫自助之风。彼其幼年童稚，在家庭学校之中，其父母教师，皆不视为附属之物。务使活泼自由，练习世事，不依赖他人而可以自立。其自助之精神最强，虽艰阻而强立不返；其权利之思想最富，虽丝毫亦不肯让人。故其在家庭也，无倚赖父母之心；其自治也，不倚赖政府之力：其殖民于外也，亦不倚赖母国。一蹑足于新地，虽百数十人，即已自成团体，自定规律，隐然创立第二之故乡。是以区区三岛，而国旗遍于日所出入之地，孳殖其种于五洲之内，骎骎为全世界之主人翁。法国社会学者直摩兰，较法德与英之优劣，谓法人教育，止能养成官吏，而不能造活泼有为之人物；德人则偏于国家主义，其人皆视政府为万能，故个人之独立心为之衰颓，而国家之基础亦以薄弱；惟英人能发挥自立之志气，故能养成独立自营之伟大国民。我中人之性质，其竞私利，则知有我而不知有人；其任公事，则知有人而不知有我。举一国自上至下之思想，举一人自幼至老之生涯，无不奉一倚赖主义。其在家庭也，则子弟倚赖父老；其在地方也，则百姓倚赖政府；其在朝廷也，则官吏倚赖君上。夫子弟、百姓、官吏，固国人中之占最大多数者也。以多数而倚赖少数，事已不治而国已不支。然使其父老、政府、君上之果能事事，则犹有少数者足以维持其独立。乃子弟倚赖父老，父老亦倚赖子弟，百姓倚赖政府，政府亦倚赖百姓，官吏倚赖君上，君上亦倚赖官吏，我既倚人，人亦倚我，名虽四万万人，实无一人能挺然自负其责任，奋然自完其义务。人人互相倚赖，终至无一可倚可赖之人。群盲相扶于道途，众跛牵仆于山谷。国内既无一可恃，势不得不变计而倚赖外人。呜呼！法德人责望政府稍重耳，直摩兰犹恫其国家基础之薄弱。我中人专倚政府，已至呼吁而莫我肯顾，尪羸而无以立足矣，乃复遵其覆辙，且更举其生命财产，托之不同利害之外人。彼外人者，固曰以兼并野蛮半化人之土地，代开其富源，导进之文化，嚣然自负为天职者也。我既有仰庇之心，三揖三让而致此重托，彼外人宁复谦让引嫌，不为我负此重任。特恐以倚赖始者，必以服从终。中国将为印度越南之续，而我民族无复有仰首伸眉之一日也。

然则吾人当知变计矣。变计奈何？首当奋其独立之精神。孟子曰："待文王而后兴者。凡民也。苦夫豪杰之士，虽无文王犹兴。"夫豪杰之所以能成就伟业，创造世界者，类皆挺身崛起，自拔于旧日风气之中，任天下所不能任，为天下所不敢为，排除众议，凌冒艰阻，强矫不倚。独往独来于世界之上，以一人而造举世之风潮者也。故哥白尼之倡地动也，世人皆以为狂。哗之笑之，斥之骇之，乃至下之于狱。然哥白尼奋其独立之精神，坚持其说而不屈。卒能发表新理，为天下后世所宗信。哥伦布之寻新地也，说豪贵而豪贵笑之，干葡国政府而政府斥之。及其航海西行，累月不见寸土，同舟之人，皆挟异议，百端阻尼，至欲群起杀之。然哥伦布奋其独立之精神，孑身孤行而不反，卒能发见北美大陆，为欧人开一新世界。马丁路得之改革宗教也，世人欲杀，仇为大敌。诸国之君主，罗马之教皇，压以雷霆万钧之力，逮捕谳讯，罪以非圣。然路得奋其独立之精神，昌排旧教而不讳，卒能创成新教，靡然风偃于诸洲。宁惟诸贤而已，古来志士之建邦，忠臣之殉国。大政治家、大发明家之成就事业，何一非内断之己。冥六孤往，固未闻有扶墙摸壁，依草附木，碌碌因人而成事者也。呜呼！天下之可恃者，“我”耳！我有脑筋而自能思想，我有手足而自能运动。操纵进退，皆一己自有主权。放弃其主权而不用，而乃望援求助于他人，我而不能自助，而谓他人乃能我助邪？且他人即能助我，则固他为主动而我为被动矣。成则他人之功，败亦他人之责。我乃为被牵之傀儡。目虾之水母，傀然为他人一附属物，是世界中不啻无我之一人。无我一人。何足轻重？然使他人而亦复如我，则国事亦复何望耶？孤军深陷于重围之中，非人自为战，必不能突出敌围；扁舟漂泊于重洋之外，非鼓棹抓行，必不能到达彼岸。为生为死，是诚在我，而非他人之所能援手者也。

既奋独立之精神，尤当蓄独立之能力。英人之言曰：“吾英人百人，与他国百人，杂然错处于新辟之一地，不数年间，吾英人团合经画。蔚成一独立之国，而他国之百人，将受治于英人主权之下。”夫他国之爱独立，宁必不如英国，而英人能保其独立，而他人反是者，何也？曰：独立之资格，惟视其自治之才能。彼童稚之受治于长老，奴隶之受治于家主，野蛮之受治于开化人，皆以缺于自治之力，故不能不屈为隶属。我国人诚欲独立，则不可不先谋自治。国者，个人之积也。故自治不必责之团体，而当先课之一身。职业足以自活，智识足以自教，道德足以自善，才能足以自修，个人能自治矣。推而及之团体，地方能自治矣。推而措之国家，一国之治毕举。内力完固，他力自不足以相侵，如是则独立之资格既完，而独立之威严可保。否则，虽有独立之精神，恐无以持久而善其后也。

抑吾闻之，群者，天下之公理也。处竞争之世，惟群之大且固者，则优胜而独适于生存。吾人久以散沙，见消于外人。今乃纷言独立，其群不弥涣矣乎？曰：独立者，谓合众独以强其群，非谓破一群而分为独也。谓人人不相倚赖，非谓人人不相协力也。譬之机然，千百之轮轴，各自司其运动，然必互相联贯，总合一体而成为全机。独立云者，亦各分轮轴一体之劳，以效全机转运之用焉耳。若夫挟持私见，而互相龃龉，排挤同类，而互相嫉妒，是直孤生之人而已，败群之蠹而已，独立云乎哉？独立云乎哉？

服从释义

（1903 年）

服从者天下最恶之名词，而为国民必不可有之性质者也。服从者亦天下最美之名词，而为国民必不可缺之性质者也。

西儒之言曰："能得良法者上也。苟无良法，则恶法犹愈于无法。"罗兰夫人之言曰："呜呼自由，天下几多之罪恶，假汝之名而行！"呜呼！何其言之危苦也？彼欧人者日用饮食于自由之中，以自由为第二性命。自由之所在，虽破坏和平以购之，捐糜顶踵以赴之，毅然曾不少悔，宁不深痛恶法之缚束驰骤，而犹必睊睊有所顾惜哉？彼深知人与人相处，必有法焉检束而整齐之，以维持其秩序，然后其群乃能成立。否则人纵其私，荡然无纪，自由将为天下毒，而群且立涣而见隶于他群。与其荡焉以涣其群，无宁缚焉犹有所维系，以徐谋他日之改良。盖彼非爱恶法而恶自由，恶夫假自由以济其私者。其弊更甚于恶法。恣睢暴乱，毒自由以毒天下，其败坏将不可收拾也。

故夫真爱自由者，未有不真能服从者也。人者固非可孤立生存于世界也，必有群然后人格始能立，亦必有法然后群治能完。而法者非得群内人人之服从，则其法终虚悬而无实效。惟必人人尊奉其法。人人尊重其群，各割其私人一部分之自由，贡献于团体之中，以为全体自由之保障，然后团体之自由始张，然后个人之自由始固。然则服从者实自由之母，真爱自由者，固未有不真能服从者也。

然我中国民族固非以服从闻于世界者耶？上之君主所奖励，下之圣哲所教育，内之父师所谓勉，外之群俗所摩荡，无不以服从为唯一主义。积二千余年之摧荡刓劀，举国皆习而化之，咸以服从为人生之天职。但有挟威权而临于其上，则虽向之诋为叛逆，恶为盗贼，敌为仇雠，鄙为夷狄者，亦罔不戢戢于其指挥之下，戴为父母，崇为神圣，栗栗焉惟命是从。虽极凶虐无理之举动，蹴踏而鞭笞之，他人所不能一息忍受者，彼乃怡色顺受而无忤容，俯首瞑目而无抗阻，举国而甘为奴隶，于是外人逐麇至猬集而争为其主人，而我国人行将移其事旧主者以从新君，无怍容亦无愤气，服从性质，至斯而极。呜呼！他人以服从而保自由者。我国乃以服从而得奴隶。然则服从者固毁腐我民族之毒药，而刈狝我国家之利刃也。

然而欧美自由之风潮，卷地滔天，绝太平洋而荡撼亚陆，忧时爱国之士，知此固医国之圣药，而防腐之神剂也。于是攘臂奋起，日揭橥独立自由之主义。奔走呼号于国中，务输入欧美立国之精神，以剪拔我国人奴隶之根性，于是二千年阻噎之长夜，始复有一线之光明。然而烈药之可以起死者，有时亦足以杀人，必调剂使适其宜，而后能全其药之用。故天下最良之主义，苟取其半而遗其半，则流弊必不可胜言。今日人士，其能自拔于腐败旧习之外者，固莫不竞倡独立自由矣。热诚君子，恫人心之萎靡，积懑激愤，既不免有矫枉过正之言。数年以来，风潮簸荡，广袖高髻，变而加厉，人人有独立不羁之精神，人人有唯我独尊之气概。夫诚能独立自尊，岂不甚善？然徒摭前贤学说之一偏，渐至为虚骄恣睢者藏身之地，尽撤藩篱，甚嚣尘上。是以同任一事，则必求总揽大权，否则以为服从他人而为其奴隶也。同组一党，则必求自为党魁，否则以为服从他人而为其奴隶也。大权党魁止有此数，岂能人人各如所欲？我既不能从人，人亦岂能从我？于是始则竞争，中则冲突，终且倾轧，宁牺牲公共之利益，而必求伸张个人之权利乃至无三人以上之团体，无能支一年之党派。今日同志，明日仇敌。今日结会，明日解散。遂使反对者闻而快心，仇我者藉为口实，而旁观之人，亦且引为前车之鉴，视此最良之主义，乃如蛇蝎疫种，动色相戒而不敢复言。呜呼！个人者不能离群以独立者也。也自固其群，然后个人乃有所附丽。故己与群异其利害，则必当绌己以伸群，盖己固群中之一分子，伸群固所以自伸也。若必各竞私利而不相统一，各持私见而不相屈服，吾恐他群之眈视其旁者，且乘我之散涣而屈服我，统一我。夫至为他群所屈服统一，则岂独力所能支？吾恐以自由其群始者，行将以奴隶其群终也。

曰：服从者固奴隶矣，不服从者亦将奴隶，吾人其何择焉？曰服从者最劣之根性，国民必不可有者也，服从者亦最良之根性，国民必不可缺者也。今请略陈其义。

曰不可服从强权，而不可不服从公理。人群之进化也，始为酋长政治，继为专制政治，洎乎文化渐进，然后代议共和政体乃兴。大专制不可行于今日。而共和亦不能行于蛮世者。何哉？盖野蛮之人，纷然淆乱，知有私而不知有公，知有欲而不知有理，人人对抗，不相统属，人人孤立，不相结合，争夺相杀，无有已时，唯有雄武强有力者起，挟莫大之权力以鞭挞之，然后屏息敛手，栗栗受命于其指挥之下，而其群始渐能团合。若夫文明之世，则人人皆有制裁，人人皆能自治，不待他人之强制，莫不绌私见而从公义，以维持一群之秩序，故其时尽人可为治者，亦尽人可为被治者。今吾国之改革者，莫不曰代议共和矣。然吾闻共和政体，以道德为元气者也。苟脱威力之制裁，而别无道德之制裁以统一之，则人各立于平等之地，人各滥用其无限之权，挟怀私见，相持不下，脱轴之机轮，不羁之野马，势必横决纷乱，其群不能一日安。乱亦乌可久也，则必有雄武强力者，乘其弊而羁缚之，遂如法国之革命，经恐怖之惨剧，而卒以武人政治终，除专制而复得一专制，则亦何取而多此一扰乱，多此一破坏也？西人之诋我中人谓为服从强者之人种，是诚吾国民之耻辱，而我历史之污点矣。今日人士，奋起而求雪斯耻，强立不挠，意气岂不甚盛？然以此之故，至以服从为一大戒，于是以意气而梗败其团体，而曰我能不服从；以子弟而不逊悌于父兄，而亦曰我能不服从。呜呼，服从云者，宁必卑屈奴隶乎哉？既有人际之交涉，自不能无公义之制裁，而此制裁者固非压以势力，胁以威权，但出于人人良心所同然，为人道所必不能外。若必并此制裁而抉去之，然后能满其自由独立之量，则是率其群而退为孤立狂荡之野蛮，吾恐其历千劫而永无独立自由之一曰也。故曰不可服从强权，而不可不服从公理。

一曰不可服从私人之命令，而不可不服从公定之法律。欲维持国家之秩序，必以服从法律为第一义。欲保护个人之自由，亦必以服从法律为第一义。盖法律者所以画自由之界限。裁抑强者之专横，即伸张弱者之权利，务使人人皆立于平等，不令一人屈服于他人者也。然法律者纸上之空文，必得众人之服从，然后始生效力。文明之人，知我有服从法律之义务也，则莫不强自制裁，置其身于规律之内，乃至一举一动，一言一事。皆若有监督而命令之者，懔懔然不敢少越其范围。自其表面观之，则其尺步绳趋，以视野蛮人之汗漫恣睢，岂不反增束缚哉？然而文明之人，终不以彼易此者，盖深知法律者人群之保障，故宁绌其一部之自由。以护其全体之权利也。是故人群愈进于文明，则其法律愈以繁密，其人民之遵守法律愈以谨严，而其自由亦愈以张盛。征之世界之民族，服从性质，以盎格鲁撒逊人为最富，而自由幸福，亦以盎格鲁撒逊人为最优。是固其明效大验矣。然后法律有二，成于大众之同意者曰公，出于一人之独断者曰私。夫以私人之意见，强大众以服从，以喜怒为从违，以爱憎为赏罚，举公众天赋之人权，听其操纵而任其蹂躏，是固钳束而奴隶我矣。我而不甘为奴隶，要其更定可也，起而抵抗可也，乃至大蹂大搏，摧陷而廓清之，涤其旧法而代以新法，无不可也。若夫公定之法律，则固自制而自守之，非一个专断以羁轭我也。人人欲保其秩序，知法律为群治所必需，乃制是以树公众同守之防闲，以谋公众莫大之幸福。故无论其为国家，其为团体，苟有公定之法，则必神圣而拥护之，尊敬而遵守之，然后国家乃兴，团体乃固。若犹必厌其限制，苦其束缚，不肯俯首听命，而必轶荡其范围，则是我固未有自治之力，尚无以异于野蛮之汗漫恣睢也。夫我之大蹂大搏，必欲摧陷廓清此旧法者，宁非恶其法之恶而不良。不足以护此秩序自由哉？乃我方抗其恶法，而先自陷于无法律之域，相率而汗漫恣睢，是其群之秩序自由，缚于恶法而尚有生机者，荡于无法而反无萌孳也。况夫一群之内，既无法以相团，人皆无所遵守，则各逞其私意，以为群内之竞争，一团散沙，内乱不暇，更安有大力以竞争于群外，抗此私人之命令而改革之耶？力既不足以建设，乃并破坏而亦有所不能，则虽意气激昂，仍不能不蜷伏于私人命令之下。是则谁之咎也？故曰不可服从私人之命令，而不可不服从公定之法律。

一曰不可服从少数之专制，而不可不服从多数之议决。团体之成立也，必有所以抟合而统一之者，然后内之可以整理内治，外之可以抗御他群。故贵族专制之国，统一于少数之人；立宪民主之国，则统一于多数之人。其统一之者虽不同，然散涣纷乱之不足为治，则固事理所必然者也。夫以少数之人，盘踞团体之上，一人发令，万众受命，挈其群而左右之，生杀赏罚，惟余马首是瞻，甚者威劫势赫，使多数者莫之敢抗，俯首以就其范围，伸一人而诎万夫，理势均有所不顺。识者愤懑不平，务欲抗而屈之，均而齐之，固其所矣。然欲抗屈此专制者，固恶其统一之非其道，非谓团体当分携角立，人人各行其志，各逞其欲，不必复相统一也。吾观文明诸国之为群也，上自一国之国会，下至一事之法团，乃至一政党之组织，一地方之议会，莫不采用少数服从多数之制。立一法，议一事，必合大众以讨论之，人人各抒其意见。意见固不能尽同矣，则必取决于多数。既以多数议决，则虽反对之党，有力之人，亦皆屈己以从众，遵行其议而莫之违。彼盖知群之不能无所统一，故不惜绌小己以申大群也。夫语人类全体之幸福，则以多数而制少数，与以少数而制多数，要不过彼善于此，未足以云大同。且或以多数之愚者，制少数之智者，则多数议决固非必无弊。然大同之义既不能实行于今日，弊取其轻，则多数议决之制，固亦可谓治之最善，法人最公者矣。今日吾国之为群者，固非不谓结合团体。易吾国散漫之弊风也，然独立自尊之癖见，久已横梗于胸中，故立一法也，议一事也，人人各挟一主义，人人各怀一意见。吾且勿问其主义意见之为公为私也，一人一义，十人十义，各非其非而是其是，必不肯舍己以从人，甚或不问事理，但逞意气以加人，不察情势，务标高论以求胜，百议沸腾，相持不下，卒至以一二人而梗挠公议，以一二人而武断群事，虽以廖廖百十之人，已水火冰炭而不能相合，以此谋国，更安能戮力同心，合大众以成大业哉？方将牺牲身命以贡献于其群。顾先不能牺牲此区区之意见。其有规以大义者，彼且谓吾固不能为奴隶。呜呼，服从多数而亦曰奴隶，是文明诸国之国会政党，固皆奴隶之制而亦不足法也。则无亦陈义之太高邪？故曰可不服从于少数之专制，而不可不服从于多数之决议。

由是观之，服从者固非必奴隶。服从强者之恶性必不可有，而服从良心之美性必不可无也。故欲合大群，不可不养其服从之美性，欲养服从之美性，则宜培其美性之根原（源）。美性之根原（源）何也？

一曰公益心。人能自拔于腐败风气之外。毅然思所以易之，则其人必杰出于常人者也。其人既杰出于常人，则必有驰骤纵横不可羁勒之雄心，必有天上地下惟我独尊之盛气，必不肯依傍门户、拘守规律、屈己见而就人范围。然所贵乎豪杰者，非谓其有桀骜骁骜之才，足以推倒他人，岿然独雄于群上也，固谓其能谋团体之幸福，以一群之公益为目的也。夫诚以公益为目的，则必合力以御群外之公敌，而不肯妄生意见，别增群内之私敌，一志以扩一群之公利，而不肯骋其野心，别谋一身之私利，兢兢然谨守其群之法律，以维持其群之秩序，务团结以厚其内力，以求胜于群外之竞争。虽有不可羁勒之雄心、唯我独尊之盛气，然一制以公益之主义，自能屈服其不驯之性，不能下人之气，联锁众杰而使之同出一途。盖彼深知我固团体中之一分子，我既以公益为目的，则不能不减其一部分之独立，以保其团体之独立，割其一部分之自由。以增其团体之自由也。夫航舟于惊涛骇浪之中，则虽妄人暴夫，不敢不听船长之指挥，盖非是则全舟沉没矣。血战于深陷重围之际，则虽骄将悍卒，不能不受军律之节制，盖非是则全军覆败矣。若宁没其全舟，而必不可听指挥，宁覆其全军，而必不可受节制，则其人必不谙时势，不服公理，徒藉独立自由以肆其恣睢，而未尝有拯溺御敌之公心者也。彼富于共同之观念者，必不忍为对内之竞争也。

一曰裁制力。一国民权之盛衰，自由之完缺，宪法之固否，恒视其民族裁制力之大小以为比例差。英人之建设立宪也，数百年而无所变动，循用至今，而日以巩固。美人之建立共和政体也，措置一定，遂立不拔之基。法人自大革命以来，变置国体者三，更易宪法者十二，君政民政，置如弈棋，王党民党，屡起屡仆，而今日之共和政体，识者犹虑其不能持久，而民权之偏缺不完，更远不逮于英美，盖拉丁民族裁制力之薄弱，远非条顿民族之比也。今夫喜自由而恶检束，人之天性然矣。然自由者固自有其量而不能逾溢者也。夫人情既乐于恣睢，而嗜欲之驱役，外物之诱引，血气之激荡，又常能涨其恣睢之热度，使之奋踊而不自持。苟顺是而不受之以节，则横决暴溢，必将为过度之自由。两过度之自由相遇，则必利害冲突，将抵触龃龉而无以为安。彼野蛮未开之族，与夫年未及岁之人之不能享有自由者，固谓其裁制力薄，动相抵触龃龉，不能不加以强制，而使之受治于他人，盖不能服从良心，则必至服从外力，此固事理所必然者也。是故真能自由者，必先严于自治，务节其恣睢之性，置其身于规律之中，一举一动，一话一言，无不若有金科玉律之范于其前，循循然罔敢逾越。彼岂好为自苦哉？彼盖知服从者人道所不能免，我不以道德法律自制裁，人将以权力命令制裁我，与其服从于他人之权力命令，无宁服从于吾心道德法律之制裁。故自由愈盛之国，则其人制裁之力愈厚，而其服从之性亦愈丰。若荡荡然纵其野蛮之自由，不能自节其情欲，则是制裁之力，未能愈于蛮人童子，曷怪其蹙然苦于缚束，自决溢于道德法律之范围也？

弥尔之言曰："惟有制裁规则者，然后可言自由。无制裁规则而言自由者，非爱自由也，爱恣睢耳。"今之言自由者，吾宁敢谓其尽爱恣睢。然公益心之缺乏，制裁力之薄弱，但嚣然纵其意气以自快，则吾不知其去恣睢者复几何矣。且世之倡立宪、倡共和、倡革命者，其宗旨所在，顾非欲出其群于奴隶而自由之哉？然吾闻欲进众人于自由者，则其人必不得享众人之自由，欲脱众人于奴隶者，则其人必先为众人之奴隶。彼美国大统领之下教令于国中，及致书牍于国人，其署名也，必自称为沙芬（servant），沙芬译言仆夫也。夫既自任为公仆矣，则公众所命令，舆论所监督，宪法所缚束，其服从之态，岂有异于私人之奴隶？且以一人而服众人之劳役，以一人而受众人之指挥，且举国人奴隶之劳辱困苦，而以一身代任之，代尝之，则服从之况味，不自由之痛苦，当更千百于私人之奴隶。而其人必不以为难堪，以为耻辱者，则固以吾欲脱其群于奴隶，而许身以为其公奴隶，则服从公律，服从公议，是固义务所当然，我不入地狱谁入地狱者，故不惜委一身为奴隶，以冀代众人之奴隶。盖真爱自由者，以一群一国之自由为目的，而不以一身一事之自由为目的也。若惩为私人之奴隶，遂并耻为公众之奴隶，将谋一群之自由，乃先争一己之自由，殉私忘公，血气用事，乃至抵触以破坏公团，放荡以蹂躏群纪，是无论其宪法民政之不能成立，即与以宪法而吾恐其不能一日安，授以民政而吾恐其不能期月守也。呜呼，是则诚宜为弥尔所诃矣。

说希望

（1903 年）

机埃的之言曰："希望者失意人之第二灵魂也。"岂惟失意人而已，凡中外古今之圣贤豪杰、忠臣烈士，与夫宗教家、政治家、发明家、冒险家之所以震撼宇宙、创造世界、建不朽之伟业以辉耀历史者，殆莫不藉此第二灵魂之希望，驱之使上于进取之途。故希望者，制造英雄之原料，而世界进化之导师也。

人类者生而有欲者也。原人之朔，榛狂无知，饥则食焉，疲则息焉，饮食男女之外，无他思想。而其所谓饮食男女者，亦止求一时之饱暖嬉乐，而不复知有明日，无所谓蓄积，无所谓预备，止有肉欲而绝无欲望，蠕蠕然无以异于动物也。及其渐进渐有思想，而将来之观念始萌。于是知为其饮食男女之肉欲谋前进久长之计。斯时也。则有所谓生全之希望。思想日益发达，希望日益繁多，于其肉欲之外，知有所谓权力者，知有所谓名誉者，知有所谓宗教道德者，知有所谓政治法律者，由生存之希望，进而为文化之希望。其希望愈大，而其群治之进化亦愈彬彬矣。

故夫希望者，人类之所以异于禽兽，文明之所以异于野蛮，而亦豪杰之所以异于凡民者也。亚历山大之远征波斯也，尽斥其所有之珍宝以遍赐群臣。群臣曰："然则王更何有乎？"亚历山大曰："吾有一焉，曰'希望'"。夫亚历山大之丰功盛烈，赫然照烁于今古，然其功烈之成立，实希望为之涌泉。宁独亚历山大而已，摩西之出埃及也。数十年徘徊于沙漠之中，然卒能脱犹太人之羁轭，导之于葡萄繁熟蜜乳馥郁之境。摩西之能有成功，迦南乐土之希望为之也。哥伦布之航海也。谋之贵族而贵族哗之，谋之葡国政府而政府拒之，乃至同行之人，困沮悔恨而思杀之，然卒能发见美洲，为欧人辟一新世界。哥伦布之能有成功，发见新地之希望为之也。玛志尼诸人之建国也，突起于帝政教政压抑之下。张空拳以求独立，然卒能脱奥人之压制，建新罗马之名邦。玛志尼诸人之能有成功，意大利统一之希望为之也。华盛顿之奋起也，抗英血战者八年，联合诸州者十载，然卒能脱离母国，建一完备之共和新国以为天下倡。华盛顿之能有成功，美国独立之希望为之也。宁独西国前哲而已。勾践一降王耳，然能以五千之甲士，困夫差于甬东也。则以有报吴之希望故。申包胥一逋臣耳，然能却败吴寇，复已熸之郢都也，则以有存楚之希望故。班超一书生耳，然能开通西域，断匈奴之右臂也，则以有立功绝域之希望故。范孟博登车揽辔，有澄清天下之大志；范文正方为秀才，有天下己任之雄心。自古之伟人杰士，类皆不肯苟安于现在之地位，其心中曰中，别有第二之世界，足以餍人类向上求进之心。既悬此第二之世界以为程，则萃精神以谋之，竭全力以赴之。日夜奔赴于莽莽无极之前途，务达其鹄以为归宿。而功业成就之多寡，群治进化之深浅，悉视其希望之大小以为比列差。盖希望之力，其影响于世间者固若是其伟且大也。

天下最惨最痛之境，未有甚于"绝望"者也。信陵之退隐封邑，项羽之悲歌垓下，亚刺飞之窜身锡兰，拿破仑之见幽厄蔑，莫不抚髀悲悒，神气颓唐，一若天地虽大，蹙蹙无托身之所，日月虽长，奄奄皆待尽之年。醇酒妇人而外无事业，束手待死以外无志愿，我躬不阅，遑恤我后，朝不谋夕，谁能虑远。彼数子者，岂非喑呜叱咤横绝一世之英雄哉？方其希望远大之时，虽盖世功名，曾不足以当其一盼，虽统一寰区，曾不足以满其志愿。及其希望既绝，则心死志馁，气索才尽，颓然沮丧，前后迥若两人。然后知英雄之所以为英雄者，固恃希望为之先导，而智虑才略，皆随希望以为消长者也。有希望则常人可以为英雄，无希望则英雄无以异于常人。盖希望之力，其影响于人者固若是其伟且大也。

天下之境有二，一曰现在，一曰未来。现在之境狭而有限，而未来之境广而无穷。英儒颉德之言曰："进化之义专在造出未来，其过去及现在，不过一过渡之方便法门耳。故现在者非为现在而存，实为未来而存。是以高等生物皆能为未来而多所贡献，代未来而多负责任。其勤劳于为未来者，优胜者也；怠逸于为未来者，劣败者也。"希望者固以未来的目的，而尽勤劳以谋其利益者也，然未来之利益，往往与现在之利益枘凿而不能相容，二者不可得兼，有所取必有所弃。彼既有所希望矣，则心中目中必有荼锦烂漫之生涯、宇宙昭苏之事业亘其前途，其利益百什倍于现在，遂不惜取其现在者而牺牲之，以为未来之媒介。故释迦弃净饭太子之贵，而苦行穷山；路得辞教皇不赀之赏，而甘受廷讯；加富尔舍贵族富豪之安，而隐耕黎里；哥伦布掷乡里优游之乐，而奋身远航。以常人之眼观之，则彼好为自苦，非人情所能堪，岂不嗤为大愚，百思而不得其解哉。然苦乐本无定位，彼未来之所得，固足偿现在之失而有余，则常人所见为失而苦之者，彼固见为得而有以自乐。且攫金于市者，止见有金不见有人，彼日有无穷之愿欲悬于其前，则其视线心光咸萃集于其希望之前途，而目前之所谓利益者，直如蚊虻之过耳，曾不足以芥蒂于其胸。贪夫殉财，烈士殉名，夸者殉权，哲人殉道，其所殉之物虽不同，而其所以为殉者，皆捐弃万事，以专注其希望之大欲而已。

且非独个人之希望为然也。国民之希望亦靡不然。英人固不喜急激之民族也，然一为大宪章之抗争，再为长期国会之更革，累数世之纷扰，则曰希望自由之故。法人三次革命，屡仆屡起，演大恐怖之惨剧，扰乱亘数十年，则曰希望民政之故。美人崛起抗英，糜烂其民于硝烟弹雨之中，苦战八年，伏尸百万，则曰希望独立之故。彼所牺牲之利益，固视个人为尤惨酷矣，然彼既有自由民政独立之伟大目的在于未来，而为国民共同之希望，凡物必有代价，则其所牺牲者，固亦以现在为代价。而购此未来而已。

然而希望者，常有失望以与之为缘者也。其希望愈大者，则其成就也愈难，而其失望也亦愈众。譬之操舟泛港汊者，微波漾荡，可以扬帆径渡也，及泛江河，则风浪之恶，将十倍蓰于港汊矣；及航溟渤，则风浪之恶又倍蓰于江河矣。失望与希望之相为比例，殆犹是也。惟豪杰之徒，为能保其希望而使之勿失。彼盖知远大之希望，固在数十百年之后，而非可取偿于旦夕之间，既非旦夕所能取偿，则所谓拂戾失意之境遇，要不过现在与未来利益之冲突，实为事势所必然，吾心中自有所谓第二世界者存，必不以目前之区区沮吾心而馁吾志。英雄之希望如是，伟大国民之希望亦复如是。

老子曰："知足不辱，知止不殆。"此毁灭世界之毒药，萎杀思想之谬言也。我中人日奉一足止以为主义，恋恋于过去，而绝无未来之观念，眷眷于保守，而绝无进取之雄心。其下者日营利禄，日鹜衣食，萃全神于肉欲，蜎蜎无异于原人，其上者亦惟灰心短气，太息于国事之不可为，志馁神沮，慨叹于前途之无可望，不为李后主之眼泪洗面，即为信陵君之醇酒妇人。人人皆为绝望之人，而国亦遂为绝望之国。呜乎！吾国其果绝望乎，则待死以外诚无他策。吾国其非绝望乎，则吾人之日月方长，吾人之心愿正大，旭日方东，曙光熊熊。吾其叱咤羲轮，放大光明以赫耀寰中乎！河出伏流，牵涛怒吼。吾其乘风扬帆，破万里浪以横绝五洲乎！穆王八骏，今方发轫。吾其扬鞭绝尘，骎骎与骅骝竞进乎！四百余州，河山重重。四亿万人，泱泱大风。任我飞跃，海阔天空。美哉前途，郁郁葱葱。谁为人家，谁为国雄！我国民其有希望乎！其各立于所欲立之地，又安能郁郁以终也。

敬告我国国民

（1903 年）

某不敏，谨因正月初吉，寓书于新民丛报读者诸君，冀以间接力，得普达于我所敬所爱所恋所崇拜所服从之四万万国民：

今日国民举熙熙贺新年，顾同是新年也，而当此者之感情，率有两种：大抵儿童常欢抃，老人常慨叹。欢抃者，祝来日之方长也；慨叹者，觉已往之不可追也。我国民今日之位置，盖未易断定。或曰：是幼稚时代也。或曰：是老大帝国也。果其幼稚也，更历一年，则多一年之进步，吾将贺年；果其老大也，更历一年，则少一年之希望，吾将吊年。吊年非吉祥善事也，吾亦恶其非吉祥善事也，故有所欲陈于我国民。

今年癸卯也，由孔子而来至于今，为癸卯者，仅四十一而已。其远焉者且勿论，自今日而逆溯之二百四十年前，所谓第三十七癸卯者，为康熙二年。其前一年，则明桂王被害于缅甸。郑成功卒于台湾之岁也。自彼癸卯以后。中国民族始无复有尺寸土。所谓第三十八癸卯者，为雍正元年，始平西藏青海。自彼癸卯以后，帕米尔高原以东诸部落，始尽合并于中国。数千年来亚洲之形势，为之一变。所谓第三十九癸卯者，为乾隆四十八年，至是准部回部缅甸安南皆服。其前一年壬寅，复定暹罗，册郑华为暹王。自彼癸卯以后，满洲势力，几掩覆东亚南亚之全部。然极盛之后，难为继矣。所谓第四十癸卯者，为道光二十三年。其前一年，则英人攻陷定海、乍浦、镇江，逼金陵，乃割香港、开五口通商之岁也。自彼癸卯以后，满洲民族与中国民族俱敝，欧势日益东渐，遂至今日焉。第四十一癸卯，实光绪之二十九年。去年义和团余波始悉定，要隘戍兵撤退，表面上之自主权，还与中国（汛义之中国）。自今以往。中国益不得不为全世界之大剧场矣。嘻！岁月不居。时节如流。此后第四十二癸卯，其变迁更不知若何。然律以春秋之例，所谓二百四十年间我祖所逮闻者，其云翻雨覆、陵迁谷移之状态，既已若彼，呜呼，宇宙能得几癸卯？吾不忍吊今癸卯，吾亦未敢遽贺今癸卯！

东西各国，每年中必有一二日之大祝典，为国民荣誉之纪念。若美国之七月四日，法国之七月十四日，皆举国胪欢，鼙鼓轩舞。使人际其日，参其会，忽起历史上无限之感情，向往先民，而益以增长其强固勇猛进步自立之气。若我中国，则何有焉？所号称一年中普天同庆者，唯此一元旦。夫元旦则何奇？不过地球绕日一周而复云尔。国民聚族以居此土者既四千年，乃曾无人事上、历史上可纪念可庆祝之一日，而惟取无意识之天象，蹈常习故，聊以自娱。即此一端，而其为国民羞者，固已多矣。然使国运隆隆，民生熙熙，为此春酒，以相慰劳，虽非盛轨，犹有取焉。今世何世？今时何时？决死生于河上，釜共舟沉；保喘息于会稽，薪随胆苦。鱼游沸鼎，宁莲叶之能戏？燕处燎堂，岂稻粱之可乐？呜呼！我国民稍有脑筋，稍有血性者，茫茫对此，其感何如！

回銮以来，忽忽两新年矣。去年今日，我国民犹喁喁然，企踵拭目，若不胜其望治之心者。而今果何如矣？呜呼！我国民依赖政府之恶梦，其醒也未？我国民放弃责任之孽报，其知也未？袁了凡曰："从前种种，譬如昨日死；从后种种，譬如今日生。"（此二语曾文正屡称道引用。）自今以往，我国民真不可不认定一目的，求所以自立于剧烈天演界之道。我国民今已如孤儿，无父母之可怙；已如寡妇，无所天之可仰；如孤军被陷于重围，非人自为战，不足以保性命；如扁舟遇飓于沧海，非死中求生，不足以达彼岸。乃我国民今徒知想望政府，崇拜政府，责备政府，怨詈政府，是何异救兵不至，而惟待援以自毙，狂飓不息，而惟咒风以求活也？呜呼！愚而可怜，孰有过此？

今执一人而聒之曰：汝其速救而国。人将曰：吾固愿救，然吾日日愿救，今遂可救乎？此实一最难驳解之问题也。顾吾以为今日即未能为救国之实事，然不可不为救国之预备。天下固未有无预备而能成实事者也。今日我辈所以欲救国而无其道者，正坐前此预备工夫之太缺乏。今日所应为之事，宜以前十年二十年而整备之者也。惟前此不为，故不得不窘我于今日。今日而犹不为焉，则他日欲有所为，其窘我者犹今也。日复一日，而国遂以沦亡。今优国者动辄曰："政府压制，故民间不能展其力也。"斯固然也。然使政府压力顿去，我国民遂能组织一完备之国家乎？吾有以知其不能也。勿征他事，请观两年以来民间之言教育者。夫今之政府，百端皆压制矣。若夫教育事业，勿论其精神，而论其形式，彼固日日下诸谕旨，上诸奏牍，汲汲以此事奖励民间者也。使吾民之能力果能及此，则虽省省府府、州州县县、市市村村、坊坊街街，各置一私立学校，吾信政府必不之禁。使吾民之能力果能及此，则无论其所立学校中，设何等之学科。阐何等之哲理，吾信政府必不之干涉。然则吾民虽无他种之自由，而立学之自由，未尝不如人也。虽无他种之民权，而教育之民权，未尝不如人也。顾何以两年来私立学校，屈指可数。其有一二，亦凌乱萎靡，而几于不能成立也。兹事虽小，亦可见我国民自治力之甚弱，而非可徒以政府压制为解免明矣。不宁惟是。以今政府行政机关之不整备，其压制力所能及之范围，固自有限。民间除租税讼狱两事外，往往经十年二十年，与政府无一交涉。使我民之能力，能及条顿民族之一二。则地方自治之规模，固可以大备，而何以至今泯泯棼棼也。此犹曰在内地为然也，若夫海外商民，殆四五百万。若此者，其为政府压力所不能及，明矣。苟其政治思想稍发达者，安在不可以成一巩固秩序之团体，为祖国模范，乃其文明程度，往往视祖国犹有逊色焉，是安可以不自愧也？以是例之，且使今日政府幡然改焉，颁宪法，行民政，举立法、行政、司法诸大权，而一旦还诸我国民，我国民遂能受之而运用自如耶？其有以愈于今日所享有之教育权者几何也！其有以愈于前此山谷之民海外之民所享有之自治权者几何也！故吾辈今勿徒艳羡民权，而必当预备其可以享受民权之资格。此格既备，虽百千路易十四为之君，百千梅特涅为之相，未有能压制焉者也。此格不备，虽无压制，又将奈何？吾以为自由权者，必非他人所能夺也。惟有弃之者，斯有夺之者。我既弃矣，人亦何惮而不夺，虽不夺矣，我独能自有乎？故我国民勿徒怨政府、詈政府而已，今之政府，实皆公等所自造。公等不好造良政府，而好造恶政府，其又谁尤也？又，今忧国者率分两派：一曰持温和主义者；二曰持破坏主义者。持温和主义者，为以破坏之可惧也。虽然，有一问题焉。我不破坏，果能禁腐败官吏、无知小民之不破坏乎？破坏之为利为害于中国，今暂勿论。且使自今以往，而吾国中所谓无意识之破坏者，层见叠出，山崩地坼，试问我国民将复何以待之？或曰：“今政府之力，御外患不足，戡内乱有余，此区区者不足为病也。”然广西之乱，今已垂两年；四川之乱，亦九十阅月矣。岂尝见政府之能定之？即岁年以后，幸而定矣，而定于此者，复起于彼。定于今者，复起于后。以数百年来所含扰乱之种子，磅礴以发泄于今日，其终非现时飘摇脆弱之政府所能善其后，有识者所同信也。夫今日万国比邻之时代，必非许吾国长此沉沉于扰乱之岁月，有断然矣。政府既不能定难，则此后所以定之者，唯有二途：一曰国民，二曰外国。今我国民果能应此时势而有定之之能力否乎？是吾所不能无疑也。吾固惧破坏，不忍为天下发难。然宁能谓举国之大，舍吾以外，遂无一人能破坏者？彼不能为大破坏，未必不能为小破坏。不能为有意识之破坏，未必不能为无意识之破坏，苟此等之破坏起矣，宁得曰："我非戎首。"而仅以叹息诟詈之数言卸我责也？呜呼！我国民其念诸此后之中国，其所谓小破坏、无意识之破坏者，不出五年，而必将遍于国内。其时若能以政府之力平定之，善也。政府不能，则定之者，不可不赖国民。国民犹不能，则定之者，不得不赖外国。彼外国岂其有所规避，有所揖让？而以喧宾夺主自引嫌也。至于赖外国以定内乱，吾族尚可问耶？吾族尚可问耶？吾今不要求公等以鼓吹破坏，不要求公等以赞成破坏，即惟要求公等以扑灭破坏。公等所依赖之政府。若能应此要求，吾犹将馨香而祝之。而今既若此，而公等又若彼，是公等所谓惧破坏者，不过作壁上观，而任斯民鱼肉于天数也。否则，讳疾忌医，姑为无聊之言以自慰藉，而曰："是殆未必如是。未必如是也。"嘻！鄙人窃以为误矣！他日破坏之惨，岂有他人焉能代我国民受之？他日外国平破坏之惨，又岂我国民哀鸣号诉所能免之？而我国民及今犹不自为谋，而以委诸其睡鼾鼾之政府，以遗之其欲逐逐之外国，吾不知其何心也？若夫持破坏主义者，则亦有人矣。吾又勿论其主义之为福为毒于中国，惟请其自审焉，果有实行此主义之能力与否而已。今之中国，其能为无主义之破坏者，所至皆是矣。其能为有主义之破坏者，吾未见其人也。政府固腐败，而民党之腐败亦与相埒焉；政府固脆弱，而民党之脆弱，或犹倍蓰焉。即彼不我局，而我何以能自腾？彼不我尼，而我何以能自进也？夫以前途之幸福言之，而民权之不克享受也如彼；以前途之患害言之，而破坏之不能挽救也如此。则我国民之生今日，舍预备何以哉？舍预备何以哉？

孟子曰：“今之欲治者，犹七年之病，求三年之艾。苟为不蓄，终身不得。”《战国策》曰：“见兔而顾犬，未为晚也。亡羊而补牢，未为迟也。”我国民其有知愧知忧知惧之心乎？往不可谏，来犹可追。及今而预备焉，此后或犹有可以达其目的之一日。而不然者。堂堂岁月，一去如梭。彼地球之兀兀自转其轴也，若过翼然。立夫今日以视往昔，自庚子国难以来，彼自转者八百余度矣。犹昨日也。自戊戌政变以来，彼自转者千五百余度矣，犹昨日也。自甲午败衄以来，彼自转者三千余度矣，犹昨日也。更等而上之，自第四十癸卯割香港开五口通商以来，彼自转者二万一千余度矣，犹昨日也。此一年三百六十余度者，不过一弹指顷，我国民稍一蹉跎焉。转瞬一新年，转瞬复一新年，近人词云：“韶华在眼轻消遣，过后思量总可怜。”他日必有追想今癸卯而不胜其欷歔今昔之感者。嗟夫！吾其如今癸卯何哉！吾其如今癸卯之国民何哉！率因新岁，布其区区，主臣主臣。某顿首。

余之死生观

（1904 年）

我可以毋死耶？君可以毋死耶？嘻！前我而生者，亿兆京垓无量数不可思议之人则既死，并我而生者，一岁之中，全世界数十兆以上之人则既死，我国内数兆以上之人则既死，我与君其终不能免矣。死既终不能免，一死之后，我与君将澌然以俱尽耶？果尔尔，则我将惟杨朱之言是宗曰：死则一矣，毋宁乐生。虽然，我见我国若全世界过去之圣哲，皆有其不死者存，我见我国若全世界过去之豪杰，皆有其不死者存，我见我国若全世界过去亿兆京垓无量数不可思议之人类，无论智愚贤不肖，皆有其不死者存，故知我与君皆有其不死者存。今愿与君研究“死学”。

自昔野蛮时代之宗教，皆言灵魂，即号称文明宗教在今世诸文明国中最有势力如景教者，亦言灵魂。孔教则不甚言灵魂，佛教则反对外道六大论师之言灵魂，近世欧美哲学家，就中如进化论一派，亦反对景教之言灵魂。灵魂之果有果无？若有之，则其状态当何若？是数千年来学界一最大问题，辩争至剧烈，而至今未尝已者也。虽然，无论为宗教家，为哲理家，为实行教育家，其持论无论若何差异，而其究竟必有一相同之点，曰人死而有不死者存是已。此不死之物，或名之为灵魂，或不名之为灵魂，或语其一局部，或语其全体，实则所指同而所名不同。或所证同而所修不同，此辩争之所由起也。吾今欲假名此物。不举其局义而举其遍义，故不名曰灵魂而名曰精神。精神之界说明，然后死学可得而讲也。

佛教之反对印度旧教言灵魂者何也？旧教言轮回，言解脱，佛教亦言轮回，言解脱，独轮回解脱之主体旧教惟属诸么匿，佛则么匿与拓都并言之，而所重全在其拓都，此其最异之点也。故此主体者，佛教不名之曰灵魂，而名之曰羯磨。旧教言灵魂，虽各各不同，然皆言有一“神我”，我为所轮回体。神我为能轮回体。佛教以为若此沾滞于小我，是求解脱而反系缚也。故排之而立羯磨义。（佛之排旧教说此不能具征，余近别著《死不死》一书当详言之。）佛说以为一切众生自无始来，有“真如”、“无明”之二种性，在于识藏。而此无明，相熏相习，其业力总体演为器世间，是即世界也；其个体演为有情世间，即人类及其他六道众生也。以今义释之，则全世界者，全世界人类心理所造成；（佛说不限人类，今举狭义耳。）一社会者，一社会人之心理所造成；个人者，又个人之心理所造成也。今之个人由有生以前之心理所造，（今之心理又造成死后之个人。全世界乃至一社会亦复如是。）佛说一切万象悉皆无常，刹那生灭，去而不留，独于其中有一物焉，因果连续一能生他，他复生一前波，相续不断，而此一物，名曰羯磨。（佛说经汗牛充栋，语其指归，不外发明此义。今举其最浅显者一段示证。《首楞严经》云佛告：

大王，汝身现在，今复回汝。汝此肉身为同金刚常住不朽，为复变坏？世尊：我今此身终从变灭。佛言：大王汝未曾灭，云何知灭？世尊：我此无常，变坏之身虽未曾灭，我观现前念念迁谢，新新不住，如火成灰，渐渐销殒，殒亡不息，决知此身当从灭尽。（中略）佛告：大王汝见变化迁改不停，悟知汝灭，亦于灭时，知汝身中有不灭耶，波斯匿王合掌白佛：我实不知。佛言：我今示汝不生灭性，汝年几时见恒河水。王言：我生三岁，慈母携我谒耆婆天，经过此流，尔时即知是恒河水。佛言：大王如汝所说。二十之时衰于十岁乃至六十，日月岁时，念念变迁，则汝三岁此河时，至年十三，其水云何？王言：如三岁时，宛然无异，乃至于今六十有二，亦无有异。佛言：汝今自伤发白面皱。其面必定皱于重年，则汝今时现此恒河与昔童时观河之见有童耄不？王言：不也。世尊：佛言大王，汝面虽皱，而此见精性未曾皱，皱者为变，不皱非变，变者受灭。彼不变者原无生灭。云何于中受妆生灭而犹引彼末伽梨等都言此身死后全灭。）羯磨为物，殆如然电灯者，电虽消去，而其遗渍，缘表筒中，铢黍不爽。（今各国然电灯煤气灯者，灯局皆置表于然者之室，每月视其表而量其所然之多寡，因以取价。）又如人食物品，品中土性盐质，除秽泄外，而其余精，遍灌血管。（以上设譬粗而不类，特举浅近以示证耳。）于是乎有因果之律，谓凡造一业，必食其报，无所逃避。（法句一二七偈云：汝虽复至大洋中央，乃至深山洞窟之下，举此世间终无能逃汝所造业结果之处。）人之肉身所含原质，一死之后，还归四大，固无论已，（四大者谓地、水、火、风也。中国言五行，而印度言四行，圆觉经言：死后骨肉归土，血、唾归水，动力归火，气息归风，今此肉身更在何处。）就其生前，亦既刻刻变易，如川逝水，今日之我已非故吾，方见为新，交臂已故。（《首楞严经》云：若复令我微细思维其变宁惟一纪二纪？实为年变，岂惟年变，亦兼月化，何直月化？兼亦日迁，沉思谛观，刹那刹那，念念之间不得停住。）此其为说。证诸今日科学所言，血轮肌体循环代谢之理，既已确然无所容驳。故夫一生数十年间，至幻无常，无可留恋，无可宝贵，其事甚明。而我现在有所行为，此行为者，语其现象，虽复乍起即灭，若无所留，而其性格，常住不灭，因果相续，为我一身及我同类将来生活一切基础。世界之中，有人有畜，乃至更有其他一切众生；人类之中，有彼此国，有彼此家，有彼此族，彼此社会。所以者何？皆缘羯磨相习相熏组织而成。是故今日我辈一举一动，一言一话，一感一想，而其影像，直刻入此羯磨总体之中，永不消灭，将来我身及我同类受其影响，而食其报。此佛说之大概也。

吾受其义，而叹其与今日进化论者流之说，若合符契也。侯官严氏括引晚近生学家言，谓官品一体之中，有其死者焉，有其不死者焉，而不死者，又非精灵魂魄之谓也。可死者甲，不可死者乙，判然两物。如一草木，根荄支干，果实花叶，甲之事也，而乙则离母而转附于子，绵绵延延，代可微变，而不可死，或分其少分以死，而不可尽死。动植皆然。故一人之身，常有物焉，乃祖父之所有，而托生于其身，盖自受生得形以来，递嬗迤转，以至于今，未尝死也。（《天演论》下一案语）此所谓乙者何物乎？其名曰 Character，译言性格。进化论家之说遗传也，谓一切众生，当其生命存立之间，所受境遇，乃至所造行为习性，悉皆遗传于其子孙。今日众生，其类种种，其族种种，各族类中，各各有其特形特性，千差万别，殽然不齐？所以者何？即其族类自无始来以迄今日生存竞争之总结果，质而言之，是即既往无量岁月种种境遇种种行为累积结集全量所构也。夫所谓遗传者，固非徒在无形之性格，即有形之肢体，其种种畸异之点，亦皆汇传焉而有递变。顾前体已灭，而后体仍相袭者，故知于粗幻之现体外，必更有其精实之别体存也。夫形体则精中之粗，实中之幻者耳。而遗传之迹显然不诬也则既若是，况更有其精中精实中实者，其遗传力之钜益可知矣。故至今日，而所谓国民心理社会心理之一科学，日以发明。国民心理者何？社会心理者何？即前此全国全社会既死之人。以不死者贻诸子孙也。

遗传既可识矣，但其传焉而必递变者何也？我祖我父之业力我既受之，而我自受胎而出胎，而童弱，而壮强，而耄老，数十年间其所受现世社会之种种熏习者，我祖父未尝受也，我兼秉二者，于是乎我复有我之一特性。我数十年间，日日自举其特性而发挥之，以造出或善、或恶、或有意识、或无意识这种种事业，还复以熏习现社会。及吾之死也，则举吾所受诸吾祖父者。一吾所受诸现社会者，二及吾所自具之特性，三和合之以传诸我子。我子之所以传诸其子，我孙之所以传诸其孙者，亦复如是，乃至前世、现世、来世之人，所以传诸其子孙者，亦复如是，此所以虽不灭而有变也。（前引《首楞严经》佛说谓变者受灭，彼不变者原无生灭，此指能缘之本体也，若所缘之作用，则虽不灭而有变也。）彼圣贤豪杰乃至大罪恶之人，其所以于一国一社会之历史皆有大影响，历千百年而食其果未艾者，皆以此。又不徒彼等为然也。即全社会多数之庸人，其微细羯磨，亦相结而浸润社会之空气，能以自力屡屡变易之。吾所谓过去亿兆京垓无量数不可思议之人类，无论智愚贤不肖皆有其不死者存。盖谓是也。

夫佛说主解脱，将厌离此世间而灭度之，故其教义在不造诸业，进化论主争存，将缘饰此世间而庄严之，故其教义在善造诸业，其结论之相反亦甚矣。若其说一切众生皆死而有不死者存，则其揆若一，而丝毫无所容其疑难。佛说之羯磨，进化论之遗传性，吾皆欲名之曰精神，今吾将据此以沟合群哲微言，以纵论死义。

景教言灵魂，以视佛及进化论者之说，其义似稍局矣。虽然，景教有最精最要之一言焉，曰三位一体。三位者，此译圣父、圣子、圣灵。圣父谓上帝，圣子谓景尊，圣灵即精神，通于帝与尊与一切人类之间者也。以拓都体言之，则曰圣灵，以么匿体言之，则曰灵魂。灵魂何以能不死？以其通于帝也。故景教言人类之躯壳为第二生命，其上更有第一生命者存，虽进化论家极谤景尊者，或未能难也。（美国博士占士李者，现代著名之哲学家也。著《人生哲学》一书，为景教讼直。原书于一八九三年出版，现已重版四十余次云。今撮译其数段。李氏曰："挽近物质的文明日以进化，质力不灭之说既有定论，而其蔽也视精神与物质为同体，乃谓物质之外更无复有精神者存。此大误也。如赫胥黎在我邦演说（案：指美国），尝云：'言语者变形之牛肉耳。'一时以为名言。实则其陋甚矣。夫就物质一方面论之，凡物之质与力其在此世界者。皆不生不灭不增不减。例如吾辈所用燃料，自千万年前爰有大木繁荫遍地，历若千岁萎埋土中，化为石炭，其内更含煤油瓦斯（煤气之译音）诸质，邈历年岁迄于今日，人智发达能利用之，运机转轮挽车驾舟，或炊食物，或照暗室，实则我辈所用非薪、非煤、非油、非气，不过间接以用太阳发热之力。何以故，彼诸物者，其力受自太阳故。今试取一五十年之老松斫而投诸汽机炉中，其所发运机力之总量，即此松五十年间所吸受太阳热力之总量也。故吾辈燃煤，其所燃与五十年之松发力相等者。则知其煤在千万年前所受于太阳之热亦正相等，而既烧之后，所损失者并非消灭，还在空间别成他力。以故日光也，松树也，煤及煤油煤气也，蒸汽也，皆同物而异形者也。推诸百物，莫不皆然。吾辈躯壳之生命，恃日光空气乃至各动植物以为养，而空气及动植物其源皆自日光，故谓地球上只有一物，名曰日光，日光以外，更无他物可也。而日光之形，息息变动，息息循环，今日于彼，明日于此，方为动物，旋变植物，方为植物，旋变土石，方为土石，旋变空气。以此推之，岂徒即煤、即松、即蒸汽而已。虽谓即松即牛，即牛即犬，即犬即石，即石即梅，即梅即气可也。故我之一身谓之我之身也可，谓之并时某甲某乙之身也可，谓之过去或将来某甲某乙之身，例如谓之释迦之身，孔子之身，基督之身，尧之身，桀之身，华盛顿拿破仑之身也可。不宁唯是，谓之松也可，煤也可，蒸汽也可，牛也可，犬也可，石也可，空气也可，日光也可。何以故，息息变迁故。变迁而未尝灭故。此赫胥黎'言语即牛内'之喻所由来也。虽然。此物质界之公例耳。若以应用诸精神界，则大不可。质而言之，则形而上的与形而下的截然不同物。未可糅杂以自乱其例也。夫使此例而可以适用于精神界也，则精神虽云不灭，而其所谓不灭者，不过如煤之然尽而复散为气，松之老朽而更转为煤，纯然为自然力之所支遣，如一机器。然则人类者，百岁汲汲为无意识之循环，块然与土石奚择哉！而其实相实不尔尔。凡人类皆有客观之我，有主观之我，质而言之，则主观者，真我也。客观者，物也，原质也，而非我也。非我之我，虽不灭而当迁，真我之我。则不灭而并不迁者也。真我之我于何见之？于其自觉自决自动者见之。自觉自决自动之情志常住者也。故吾人一生数十寒暑，其客观的非我之我，刹那刹那变迁以去，至七八十岁时，身上所含之原质，迥非复童稚时之遗物矣，而其间能常保持一物焉。曰'同一之我'。此'我'者，其知识与经验日以进，其希望与爱情日以富。八十老翁围炉与其子孙谈幼时之经历，了然无异，此即其最显著者也。此物也无以名之，名之曰灵魂。若夫非我之我，则灵魂暂憩之逆旅而已。逆旅虽易，而主人未尝易。（案：此语与前所引《首楞严经》佛告波斯匿王现河之见若合符契矣）昔博士占士马尔治那尝言：'一串之汽车蓦止于驿场，彼其前此缘轨疾行之势力未尝灭也，变相而已。一株之树，斩而摧之，彼其根干枝叶之势力，非顿无也，变形而已。一匹之马殪焉，彼其负重千里之势力未尝亡也，变质而已。彼树与马辞生物界以入于无机界之时，乃变为与活树活马有同量势力之他体。唯人亦然。人之去活而就死也，化为尘土及空气等，其总额适与死骸之筋肉肌骨等总额同量，其运动力乃至种种亦复同量，质而言之，则生前一身之总财产移而之他云尔。'信如是也，则天文学上三大公例，哥白尼总财产之一部分也。哥白尼死，而此物还归于何原质也？重学摄理，奈端总财产之一部分也，奈端死，而此物还归于何原质也，故以物质界与精神界同一视者，吾见其不可通矣。一言蔽之，则彼辈认物为我，而于与帝尊舍体之我，反蔑之而不有焉。其坏社会之道德，损人类之资格亦甚矣。"此李博士学说之大概也。唯其为寻常钝根众生说法，则专表其么匿体，不表其拓都体，故不能如佛说之奥达焉。至其精义，则一而已。（佛说之羯磨通于众生，景教之灵魂限于人类，此其大异之点。）

孔教不甚言灵魂，（易系言精气为物，游魂为变。礼记言焄蒿凄怆，非不言之，特不雅言耳。）顾亦言死后而有不死者存。不死者何？一曰家族之食报，二曰名誉之遗传。所谓"积善之家必有余庆，积不善之家必有余殃"，又曰"君子疾没世而名不称焉"是也。此二义者，似彼此渺不相属，其与佛教景教及近世泰西哲学家言之论死生问题者，更渺不相属。虽然，吾以为此所谓不死者，究无二物也，物何名？亦曰精神而已。综诸尊诸哲之异说，不外将生命分为两界，一曰物质界，二曰非物质界。物质界属于么匿体，个人自私之，（么匿体又非徒有物质界而已，亦有属于非物质界者存。）非物质界属于拓都体。人人公有之。而拓都体复有大小焉。大拓都通于无量数大千世界，小拓都则家家而有之，族族而有之，国国而有之，社会社会而有之。拓都不死，故吾人之生命，其隶属于最大拓都者固不死，即隶属于次大又次大乃至最小之拓都者皆不死。今请以佛说之名词释之。佛之言羯磨也，个人有个人之羯磨。何以能集数人至十数人以为家？则以有其家特别同一之羯磨，乃至何以能集千万人以为族？集亿兆人以为国？集京垓人以为世界？则以有其族、其国、其世界特别同一之羯磨。个人之羯磨，则个人食其报；一家之羯磨，则全家食其报；一族一国乃至一世界之羯磨，则全族、全国、全世界食其报。由此言之，则言家族之余庆余殃者，于佛说岂有违异乎？特佛说就其大者言之，极之全世界乃至他世界，就其小者言之。则专论个人，而孔教则偏言家族之一方面而已。证以进化论之遗传说，则孔教更明确而无所容驳。夫以形体畸异之点，不过精神之粗末耳，而犹能遗传诸其子孙，则祖宗所积善恶诸业，于其子孙必有密切之关系，抑何待言。吾中国因果报应之发表于后代者，据稗乘所载及乡愚父老之所传说，往往有之。近世科学新智识渐渐输入，浅尝者流，讶其与学理不相应也。从而排斥之，其凿凿有据不能排斥者，则推之不可思议之数而已。其实何奇之与有？祖宗虽死，而以其不死之善业恶业遗传于子孙，子孙受之而已。（今为浅譬：人之造善业及身不得善报，而子孙得之者，譬犹有资本以营商业，有资本则可以得利，常理也。虽然，营业非必遂无失败者，故不获利亦有焉。但其资本既传诸子孙，则子孙有可以利用之而获利之资格矣。造恶业及身不得恶报，而子孙得之者，譬有人于此常为盗，以终身盗之术巧，或终身逃法网者有焉矣。但其为盗之恶质传诸其子孙，其子孙终必有以盗复其宗者。即子孙不为盗，然其祖父为盗时必有与盗相缘之他种恶质，子孙或受之而以他道取亡者亦有焉矣。又如淫暴之人，子孙每或多天然之夭折，必其人生时皓齿娥眉伐性太甚，以脆弱之禀贻诸子孙也。诸如此者，若悉数之，累千万言而不能尽。但一人之造业太复杂，不能一一调查，旁人观之，仅知其一不知其他，故往往觉其不相应。实则造一果必有一因，殆如机器然。骤视之其动作之相，虽樊然淆乱，而实有一定之秩序，铢黍无所差忒，人自不能察耳。此种之应报或言有主之者，此自宗教迷信之言，其信否盖难遽断。借曰有主者，然主者因无取人人而薄之，日日而嵇之也。如彼纺绩者然，置一机器，而团团之绵、根根之线自能入其中而循其自然之轨以自组成之，此则无论持造物说，持天演说，而皆可通者也。又进化论家言人物之畸异形体。性质亦有其子代伏而不现，及其孙或再隔数代而后现者，亦有由舅而传甥，由姑而传侄者（中国常言外甥似舅侄女类姑即同此理），善业恶业之或隔数代而始见应报，亦由此而已。）

一家之善业恶业，余庆殃于其家，一群之善业恶业，余庆殃于其群，理无二也。故我族数千年来相传之家族报应说，非直不能以今世之科学破之，乃正得今世之科学而其壁垒愈坚也。问者曰：孔教言报之身后，佛教言报之后身，宁得云无异？应之曰：不然。佛固言有么匿之羯磨，有拓都之羯磨，则受报者必不仅死后轮迴之么匿体明矣，然则佛之不废家族报应说，与家族报应说之不戾于真理，其可以类推也。故谓孔不如佛之备也可，谓孔佛殊别也不可。问者曰：既报之身后，又报之后身，毋乃重乎？应之曰：调诸遗传之说，则吾之本体固有传焉者，有不传焉者。其传焉者，则报之于其拓都，（拓都与么匿并报，盖虽传去而我身固尚有此业存也。）其不传者，则报之于其么匿。报诸么匿之义，此则孔教与进化学家所不言，而佛说逾密者也。若夫名誉之说，其理亦同一源。夫一群羯磨，（即遗传性）之总体，亦集其群中个人羯磨之别体而成耳，合无量数人同印此羯磨于其群中，而其间业力较大者则其印象必较显，此即所谓名誉也。显著之印象以视寻常普通之印象，其影响于总体之变化者，能力必倍蓰焉，故名誉能铸社会。一圣贤一豪杰出，而千百年后犹受其感化，而社会之幸福赖之，由斯道也。以比例之语说明之，则亦可谓积名之群，必有余庆也。孔子以名为教，所以劝人为一群造善业也。

其他诸哲之所以研究此问题者不一端，今不能具征，要之，与前所论列无甚差别。吾今乃欲为下一结论曰：

吾辈皆死，吾辈皆不死。死者，吾辈之个体也；不死者，吾辈之群体也。

夫使以个体为我也，则岂必死之时而乃为死？诚有如波斯匿王所言，岁月日时，刹那刹那，全非故我。以今日生理学之大明，知我血轮运输，瞬息不停，一来复间，身中所含原质全易，如执为我也，庸讵知今日之我，七日以后，则已变为松、为煤、为牛、为犬、为石、为气也。是故当知彼，彼也，而非我，杨朱所谓十年亦死百年亦死，仁圣亦死凶愚亦死者，彼也，而非我也。抑彼之死，又岂俟十年百年？岁岁死，月月死，日日死，刻刻死，息息死。若夫至今岿然不死者。我也，历千百年乃至千百劫而终不死者，我也。何以故？我有群体故。我之家不死，故我不死；我之国不死，故我不死；我之群不死，故我不死；我之世界不死，故我不死；乃至我之大园性海不死，故我不死。我不死而彼必死者何也？彼之死，非徒生理之公例应然，即道德之责任亦应然也。我有大我，有小我；彼亦有大彼，有小彼。何谓大我？我也群体是也。何谓小我？我之个体是也。何谓大彼？我个体所含物质的全部是也。（即躯壳）何谓小彼？我个体所含物质之各分子是也。（则五脏血轮乃至一身中所含诸质）小彼不死，无以全小我；大彼不死，无以全大我。我体中所含各原质，使其凝滞而不变迁，常住而不蝉脱，则不瞬息而吾无以为生矣。夫彼血轮等之在我身，为组成我身之分子也；我躯壳之在我群，又为组成我群之分子也。血轮等对于我身，而有以死利我之责任；故我躯壳之对于我群，亦有以死利群之责任，其理同也。颉德曰：死也者，人类进化之一原素也。可谓名言。

抑死（以下之死字皆指恒言所谓死）之责任，非犹夫寻常之责任也，他责任容或可逃，唯此一责任。则断无可逃。常情莫不贪生而避死，然生终未闻以贪而能常，死终未闻以避而能免，夫亦尽人而知之矣。明知其不能常，不能免，而犹贪焉避焉者，则人类志力薄弱之表征也，要之于“死后而有不死者存”之一义见之未莹也。吾之汲汲言此义也，非欲劝人祈速死以为责任也。盖惟懵于死而不死之理。故以为吾之事业之幸福限于此渺小之七尺，与区区之数十寒暑而已，此外更无有也，坐是之故，而社会的观念与将来的观念两不发达。夫社会的观念与将来的观念，正人之所以异于禽兽者也，苟其无之，则与禽兽无择也。同为人类，而此两观念之或深或浅或广或狭，则野蛮文明之级视此焉，优劣胜败之数视此焉。今且勿论一国，勿论一族，即以一家校之。使其家之先辈，漠然不为子孙将来之计，则家之索可立而待也。虽然，既已谓之人类，则此两种观念者，则已自无始以来之羯磨而熏之受之，虽有深浅广狭，而其本性中无此根器者，未或闻也。故虽有愚不肖之夫，要能知节制其现在快乐之一部分以求衰老时之快乐，牺牲其本身利益之一部分以求家族若后代之利益。此种习性我国人之视他国，尤深厚焉。此即我国将来可以竞争于世界之原质也。孟子曰："盖推其所为而已矣。"将来之界，不限于本身，社会之界，不限于家族，推之推之，则国之淳焉可立而待也。

杨度曰："古之仁者，其身虽死，而其精神已宏被于当世与后来之社会。故孔子死矣，而世界儒教徒之精神，皆其精神也，释迦死矣。而世界佛教徒之精神，皆其精神也。于中国言孔子，则孔子死；于日本言孔子，则孔子生。于印度言释迦则释迦死；于日本言释迦，则释迦生。死者其体魄，而生者其精神故耳。由此推之，今世界之言共和者，无一而非华盛顿；言武功者，无一而非拿破仑；言天赋人权者，无一而非卢梭；言人群进化者，无一而非达尔文。盖自世有孔子、释迦、华盛顿、翕破仑、卢梭、达尔文诸杰以来，由古及今，其精神所递禅所传播者，已不知有儿万亿兆之孔子、释迦、华盛顿、拿破仑、卢梭、达尔文矣，而遂以成今日灿烂瑰奇之世界。其余圣贤豪杰之士，皆无不如此者。其道何由？则唯有借来人之体魄，以载去我之精神而已。去我之体魄有尽，而来人之体魄无尽，斯去我之精神与来人之精神，相贯相袭相发明相推衍，而亦长此无尽。非至地球末日人类绝种，则精神无死去之一日。盛矣哉！人之精神果可以不死也。"（杨氏序拙著《中国之武士道》）斯言谅矣。顾以吾所综合诸尊诸哲之说，则微特圣贤不死，豪杰不死，即至愚极不肖之人亦不死。语其可死者，则俱死也；语其不可死者，则俱不死也。但同为不死，而一则以善业之不死者遗传诸方来，而使大我食其幸福；一则以恶业之不死者遗传诸方来，而使大我受其苦痛。夫人亦孰乐使方来之大我受苦痛？然明知之而故蹈之者，必其于比数计量之法，有所未莹，以为是可以谋现在小我之快乐，毋宁舍其远而取其近也。吾今且与之言小我。言现在。彼所谓快乐者，岂不曰鲜衣耳，美食耳，宫室妻妾之奉耳，游宴欢娱之聚耳，今即此数者，以中国人所享之程度与欧美人所享之程度比较，不待智者而群知其不如也。推其所以不如之由。则亦彼国强而我弱，彼国富而我贫耳。而况乎民穷财尽之今日，将来茹荼嚼蘖之苦，且迫眉睫也。故处贫弱国而欲谋个人之快乐，其终无望矣，是谓小我之乐，必与大我之乐相缘。此一说也。小说家言，昔有富翁，日夕持筹，夜分不得息。其邻有制豆腐者，鸡鸣而起，磨声隆隆焉，翁甫交睫，辄聒之不能成寐，翁乃遣人贷以百金、使改他业。邻喜受之，则复持筹汲汲，思所以处分此百金者，竟三夕夜分不能成寐如翁也。乃急返其金曰："吾得金之乐，与不寐之苦，不能相消，请辞。"若是乎，真苦真乐，必不在唯物的，则在唯心的，至易明也。虽复纵耳目口体之欲，而其精神界有无量压制，无量束缚，无量忧疑，无量惭愧，无量恐怖，是安足云乐也？是谓有形之乐与无形之乐相除。此又一说也。夫即持现在小我之主义者，其所以自择不可不审也。既若此，而况乎现在小我者，实彼也，而非我也，我不惜牺牲我以为彼之奴隶，天下之不智，孰过此也。

然则吾人于生死之间，所以自处者其可知矣。亡友康幼博（广仁）尝语余："吾辈不得不一死，又不得再死，死之途万也，若造物主令我自择者，吾将何从？吾且勿论公益，先计私利。则为国民而战死于枪林弹雨者，最上也。何也？突然而死，毫不感其苦痛也。为国事而罹刑以流血者，次也。何也？如电之刀一挥，苦痛者仅刹那顷也。展转床褥，呻病以死，下也。若乃如劳瘵之病，去死期数年，医者已宣告其死刑，而弥留之际，犹能絮絮处分家人妇子事者，最下也。何也？知必死而不能避，求速死而不能得，若痛无极也。"此虽似滑稽之言乎，而真理寓焉矣。今吾请檃括前言而缫演之曰：我之躯壳，共知必死，且岁月日时，刹那刹那。夫既已死，而我乃从而宝贵之，罄吾心之力以为彼谋，愚之愚也。譬之罄吾财产之总额以庄严轮奂一宿之逆旅，愚之愚也。我所庄严者，当在吾本家。逆旅者何？躯壳是已。本家者何？精神是已。吾精神何在？其一在么匿体，将来经无量劫缘以为轮回，乃至入无余涅槃皆此物焉，苟有可以为彼之利益者，虽糜其躯壳，不敢辞也。其一在拓都体，此群焉，此国焉，此世界焉，我遗传性所长与以为缘而靡尽者也，苟有可以为彼之利益者，虽糜其躯壳，不敢辞也。夫使在精神与躯壳可以两全之时也，则无取夫戕之，固也。而所以养之者，其轻重大小，既当严辨焉。若夫不能两全之时，则宁死其可死者，而毋死其不可死者。死其不可死者，名曰心死。君子曰：哀莫大于心死。

作官与谋生

（1915 年）

居京师稍久，试以冷眼观察社会情状，则有一事最足令人瞿然惊者，曰求官之人之多是也。以余所闻，居城厢内外旅馆者恒十数万，其什之八九皆为求官来也。而其住各会馆及寄食于亲友家者，数且相当。京师既若是矣，各省亦莫不然。大抵以全国计之，其现在日费精神以谋得官者，恐不下数百万人。问其皇皇求官之故，为作官荣耶？为作官乐耶？皆不然。盖大率皆舍作官外更无道以得衣食，质言之，则凡以谋生而已。在欧美各国，比年以来，所谓劳佣职业问题妇女职业问题等，日喧豗于社会，非好为喧豗也。彼实迫于冻馁为救死之计。我国之皇皇求官者，泰半皆此类也。夫人至于为救死之故而有所求，虽圣贤盖亦有不能过为责备者矣。虽然，责备固有所不忍施，而分配则终亦穷于术。盖其性质既变为职业问题。则自不得不为生计原则所宰制。生计原则，凡值供给过于需要之时，救济之法，惟有二途。一曰设法增加其需要，二曰设法节少其供给。两皆不能，则其生计社会必生大混乱，而为此大混乱之牺牲者将不可纪极。今试问官吏之需要，是否可以随意增加于无量？比年以来，国家以此救济问题故，亦既屡从增加需要，一面设法，增机关增人员，日不暇给，其恶影响之及于政治上者何若，且勿深论，然其量终必有所穷，今亦届既穷之时矣。计自今以往，此项需要，只有递减，决无递增，而献其身以作供给品者，乃日出而不穷。譬诸市面上某项货物，既已充牣不售，而机器厂乃日夜轧轧而制造之，续制之品，只有堆积腐朽，结果则拉杂摧烧而已。夫物品自无知识，造作安置，壹听于人，末由自主，及其朽腐摧烧也。君子犹以为暴殄而哀之，今以灵长万物之身，且在国中为较有学问较有才技者，而偏自投于此种不需要之供给，日蹙蹙焉待朽腐摧烧之期之至，天下之不智，莫过是也，天下之可哀，莫过是也。

吾国此种职业问题，发生盖已甚久，至前清之季而渐甚，至今日而极甚。盖学优则仕之思想，千年来深入人心，凡学皆以求仕也。昔吾在日本。偶与其政治家后藤新平语，询以台湾教育情形，后藤时为台湾民政长官答曰："有最困难者一事，凡入学校者则志在求官，无志求官者则亦不复肯就学。"此语可谓能曲写中国人心理。盖仕途挤拥之叹，由来久矣。然畴昔科举，限以额数，下第者只伤时命，末由干进，久之亦惟求他途以自活。成同以还，捐纳保举杂起，得官之途渐广矣。及科举废而留学生考试代兴，光宣之交，各种新式考试杂然并陈，其导人以作官之兴者至浓。鼎革之交，万流骈进，其间中央政府地方政府交迭频数，而大小官吏之旅进旅退，岁且数度，重以各地秩序未复，群盗满山，村落殆不可居，人民轻去其乡，冀就食于都市，他既无所得食，则惟官是望。而留学于外学成而归者，卒业于本国各种学校者，岁亦以万数千计，其惟一自活之道，则亦曰官。坐此诸因，故官市之供给品，其量乃挹之不竭。今试将此等供给品略区别其种类，其第一种，则前此曾为官，中间失之，今复求得之者，内分两类。甲类，在前清久已以官为职业，舍作官外更无他技能，故必欲求恢复旧职以救饥寒，且亦所便习，若有烟酒癖者，失此则无以自聊也。乙类，自民国成立以来，缘意外之机会，得为官吏或各种合议机关之议员，旋以意外之挫折失之，然既一度获尝公职之滋味，则常若有余甘，不忍舍去。其第二种，则前此本未尝为官，而今始求之者，亦分两类。甲类，留学生归国及国内学校卒业者，大抵年富力强，原不必以官为业，而因一时求业颇艰，不如求官之可以幸获，且亦见其前辈之以此途进者，若甚尊荣安富焉，歆羡而思踵其武。乙种，则平昔在地方上稍有地位之人，今缘地方公益事无甚可着手，且家食大不易。不若改求仕进，且又见乎数年来得宫之甚易，谓何妨且一尝试。此两种四类者，殆皆为前清时代所未尝有，虽间有之亦为例外。迨民国成立，仅仅二三年间，一面缘客观的时势之逼迫诱引，一面缘主观的心理之畔援歆羡，几于驱全国稍稍读书识字略有艺能之辈，而悉集于作官之一途。问其何以然，则亦衣食而已。盖至今日而上中流人士之衣食问题，确为中国一种奇特之社会问题。无可疑也。

今世各国，殆无不以社会问题为苦，朝野上下，咸汲汲思所以救济解决之。救济解决之法，不外使无业之人有道以得业，其法不能行则无论耳。但使能行，则未有不为国家之利，盖予无业之人以业，则其人之劳力，不至废业不用，而得出之以为国家从事生产也。中国此种奇特之社会问题，则正相反，不救济之，则个人暂蒙苦痛已耳。若思救济之，势必举全国可以有业之人，悉变为无业，而全国之聪明才力，乃真废弃不用矣。今中国为救济此种奇特之社会问题故，乃演出两种奇特之政治现象。一曰多养兵，所以救济低级人民之社会问题也。问中国曷为养尔许之兵，为国防耶？则共知对外决不能一战矣。为地方治安耶？则有警察矣。近又倡团保颁条例矣，然则兵曷为不裁？裁之则且变为盗也。前此以患盗故，方且招一部分之盗编以为兵。而盗幸少弭，今若解此羁縻，是益盗也。质言之，民缘无业故流而为盗，国家则予之以业而名曰兵。故养兵之目的与他国绝异，他国养兵为国防问题，我国养兵则为救济社会问题也。此种救济法有效乎？能举全国无业之人而悉兵之乎？曰：是固知不能，聊救济其一部而已。此奇特政象之一也。二曰多设官，所以救济上中级人民之社会问题也。问中国政务需官吏若干人数始能举之？曰：得如今日官吏总额十分之一或二三十分之一，优足以举之矣。曷为设尔许官职？求官者多，国家义当周之也。增设诸职，而国家应举之政亦增举乎？曰：是非所问，救济此种社会问题，即国家第一大政，他政未或能先，故可不问也。此种救济法有效乎？能举全国无业之人而悉官之乎？曰：是固知不能，聊救济其一部而已。此又奇特政象之一也。今国中凡百政治，殆可谓无一非为救济此两种问题而设。谓余不信，试观今日最劳当局之神思者，岂非理财耶？问理得之财何用？曰：养兵需财。养官需财，国家必需此兵然后养之耶？国家必需此官然后养之耶？曰：是安知者。吾但知兵待养于国家而国家养之，吾但知官待养于国家而国家养之。人人皆曰吾侪曷为乐有国家，以国家之能养我而已。彼国家者，固宜如白傅百丈之裘，如少陵万间之厦，日思所以养吾侪之欲而给吾侪之求，而国家亦自认此为最大之天职，孜孜焉惟养之给之是务。国家之财不能由天降由地出也，则乞贷之于外，以债累遗子孙，不给则取诸国中之有业者，使出其血汗所得以养此无业者。在国家博施济众，挹彼注兹，或且方以此为一种不得已之仁政，然使全国人遂皆以有业为苦，以无业为幸，全国人皆待养于国家，而国家遂终无以为养，则养者与待养者俱毙而已。呜呼！今日政治之趋势，则岂不如是耶？

天下事恒递相为因递相为果，此种奇特之社会现象，固大半由政治作用诱导使然。此种奇特之政治现象，抑何尝非由社会情实要求所致，夫低级人民且勿论矣，乃至所谓上中级人民者而悉皆待养于国家，则国家亦复能如彼何。夫国家法制，固全国人民意力所构成也。而上中级人民，又国家之干也，故国家政象，常为多数上中级人民心理所左右，自然之势也。人人痛心疾首于政象之混浊，试思为此等心理所左右之政象。果有何术以使之清明者？此且勿具论，专就个人所以自处者言之。吾以为恃作官为谋生之具者，天下作计之拙，莫过是矣。夫官业指恃官以谋生者，省作此称，以便行文，非指官办实业也，勿误。所以最足歆动人者，则劳作少而收入丰也，大抵今日中国官吏，就中除百分之一二特别贤劳外，其他大部分若改执他种职业。则以现在所费之劳力，决不能得现在所受之报酬，其中尤有一部分纯然坐食，曾不必出丝毫之劳力以为易，人人咸羡而趋之，固无足怪。然吾以为金钱之为物。苟非以相当之劳力而得之享之，可直谓人生一大不幸事。盖此种境遇，处之稍久，则其人不与惰期而惰自乘之，惰气一中，即为终身堕落之媒。凡人一生之运命，惟不断之奋斗为能开拓之。曾文正云：精神愈用则愈出，才智愈磨则愈进。无论欲为社会立德立功，欲为一身保家裕后，要当以自强不息一语，为运命之中坚，而安坐而食之生涯，最能使人之精神体魄，皆渐消磨，现一种凝滞萎悴麻木之态，久之乃真成为社会上无用之长物。吾现身说法，自觉数月以来，此种恶空气之相袭者已至可怖，不知他人亦曾否与吾同感也。夫苟血气就衰之人，自审前途更无责任之可负，则求区区薄禄。如宋人之乞祠领观，如泰西之年金养老，斯或无可奈何之数。若年富力强之人而断送一生于此间，则天下可哀愍之事，莫过是也。或曰：服官奉职。亦何尝不足以增长阅历磨炼精神，何至如子所言之甚。答曰：诚然，然论事当举其多数者以为标帜，此公例也。吾不云官吏中固有百分之一二备极贤劳乎？然无数官吏中，其能在此数者有几，今又勿具论。即曰能阅历磨炼，而历炼所得，其足以为吾侪安身立命之资者实甚希，盖官吏所执之务，其被动者什恒九，而自动者不得一，历炼所得最良之结果，不过举吾脑识官肢，变为一最完备灵敏之机器而已。夫社会以分劳为贵，吾岂谓欲劝全国之人才皆求为自动而不屑为被动。虽然，举全国人才而皆被动，则国家事业之萎悴，果当何似者？夫我国近年来只能产极干练之事务家，而可称为政治家者殆不一二觏。盖阅历于官吏社会者，其所得之结果只能如是也。夫国家而欲求国力之充实滋长，惟当设法使全国各种类之人皆能如其分量以尽其才用，个人而欲自树立于社会，亦最宜自察才性之所近，而善推之以致用立业。若是者，吾名之曰个性发育主义。个性发育主义者，无论为社会全体计，为个人计，皆必要而至可尊也。而求阅历于官吏社会，则与个性发育主义最相妨者也。今试问国中大多数之青年，其性质实宜于为官吏者果有几许？其所学与官吏事业绝无关系者亦且泰半，今乃悉投诸官吏之大制造厂中，而作其机器之一轮一齿，其自暴殄毋乃太甚乎？夫人之才性，发育甚难，而消退至易，虽有善讴之伶，经年不度曲则失其声，虽有善射之夫，经年不弯弓则失其技。冥洞之鱼，非无目也，以不用目故，移置明湖，终不见物，霞鞲中之鹰，虽释其缚而不能高举也。今鬻身于官吏社会，其洗礼受戒之第一语，则曰："姑舍汝所学而从我"，故入之稍久，势不能不将己身所固有之本能，悉从束阁。束阁经时，即本能消失，如暖室之花，移置庭院，转不能遂其生，至是，虽欲不以官为业焉，不可得矣。夫至欲不以官为业而不可得，则方来之苦况，岂有量哉。又以官吏之量供过于求，故其得之也，必须至剧烈之竞争，而此种竞争，非若陈货于肆，惟良斯售，而其间恒杂以卑屈之钻营，阴险之倾轧。其既得而患失也，则亦若是。故虽以志节之士，一入乎其中，则不得不丧其本来，而人格既日趋卑微。则此后自树立之途乃愈隘。综以上诸端论之，则夫皇皇然惟官是求者，微论其不得也，即得焉而所丧已不足以偿，况当今日需要已充供给太溢之时，虽赌性命以求焉，而能得者终不及千百之一也。吾绝不敢摭拾理学家高尚迂远之谭以相劝勉，吾惟从个人利害上相与商榷，不惜苦口以为迷途中人告。呜呼！吾言犹有一二可听者乎，则亦可以幡然知变矣。吾知闻者必曰：子劝我知变，子教我何变而可？子既知我之求官，非以为荣，非以为乐，乃实以救死，使有他途可以救死者，吾宁不愿？而其途皆穷，则舍官何适？况吾子今方盗太仓之廪，泰然受豢养于国家而乃劝人以勿尔，抑何不恕？应之曰：斯皆然也，吾诚为受豢于国之一人。吾正惟经历此种受豢生涯，乃深知所得不足偿所丧，故言之益亲切有味。今举凡一切德义节操等问题，且置勿论，事就利害言，则作官绝非谋生之良策，吾所经历，即其显证也。又姑舍是，以今日生计现象海枯石烂之时，士君子惟求升斗之禄以期毋转死于沟壑，彼盖既计无复之不得已而出于此。而我乃劝以作他计，其谁能颂听？虽然，当知他途固皆穷也，而此途亦何尝不穷？乃多数人不知其为穷途，方行回旋于其间，及其知焉，乃益穷而不能复，斯则最可悲也。夫等是穷也，在此途中，拯吾穷者惟赖他人，在他途中，吾之力或尚能自拯。在此途中，虽见拯而能苏吾穷者有几，在他途中，万一能自拯焉，则前途或荡荡然惟我掉臂矣。是故于两穷之间，智者不可不慎所择也。若更问曰：他途亦多矣，子劝我何择而可？曰：此则非吾所能对也，人各有其本能，则择业宜自各省其所适，吾安能以共通之辞对者？虽然，吾敢信今日全世界人类中以云谋生之道，尚推中国人为最易，稍有技能之士，但使能将依赖心与侥幸心铲除净尽，振其惰气，以就奋斗之途，未必在此天府雄国中，竟无立足地。呜呼！是在豪杰之士也已。夫今日吾侪国运所遭值与吾侪身家所遭值，而皆屯遭险艰，达于极度，非死中求生，末由自拔。呜呼！是在豪杰之士也已。

吾今后所以报国者

（1915 年）

吾二十年来之生涯，皆政治生涯也。吾自距今一年前，虽未尝一日立乎人之本朝，然与国中政治关系，殆未尝一日断。吾喜摇笔弄舌，有所论议，国人不知其不肖。往往有乐倾听之者。吾问学既谫薄，不能发为有统系的理想，为国民学术辟一蹊径，吾更事又浅，且去国久，而与实际之社会阂隔，更不能参稽引申，以供凡百社会事业之资料，惟好攘臂扼腕以谭政治。政治谭以外，虽非无言论，然匣剑帷灯，意固有所属，凡归于政治而已。吾亦尝欲借言论以造成一种人物，然所欲造成者，则吾理想中之政治人物也。吾之作政治谭也，常为自身感情作用所刺激，而还以刺激他人之感情，故持论亦屡变，而往往得相当之反响。畴昔所见浅。时或沾沾自喜，谓吾之多言。庶几于国之政治小有所裨，至今国中人犹或以此许之。虽然，吾今体察既确，吾历年之政治谭，皆败绩失据也。吾自问本心，未尝不欲为国中政治播佳种，但不知吾所谓佳种者误于别择耶？将播之不适其时耶？不适其地耶？抑将又播之不以其道耶？要之，所获之果，殊反于吾始愿所期。吾尝自讼，吾所效之劳，不足以偿所造之孽也。吾躬自为政治活动者亦既有年，吾尝与激烈派之秘密团体中人往还，然性行与彼辈不能相容，旋即弃去。吾尝两度加入公开之政治团体，遂不能自有所大造于其团体，更不能使其团体有所大造于国家，吾之败绩失据又明甚也。吾曾无所于悔，顾吾至今乃确信吾国现在之政治社会，决无容政治团体活动之余地。以今日之中国人而组织政治团体，其于为团体分子之资格，所缺实多，夫吾即不备此资格者之一人也。而吾所亲爱之俦侣，其各皆有所不备，亦犹吾也。吾于是日懔然有所感，以谓吾国欲组织健全之政治团体，则于组织之前更当有事焉。曰务养成较多数可以为团体中健全分子之人物。然兹事终已非旦夕所克立致，未能致而强欲致焉，一方面既使政治团体之信用，失坠于当世，沮其前途发育之机，一方面尤使多数有为之青年，浪耗其日力于无结果之事业。甚则品格器量，皆生意外之恶影响。吾为此惧，故吾于政治团体之活动，遂不得不中止。吾又尝自立于政治之当局，迄今犹尸名于政务之一部分。虽然，吾自始固自疑其不胜任，徒以当时时局之急迫，政府久悬，其祸之中于国家者或不可测，重以友谊之敦劝，乃勉起以承其乏，其间不自揣，亦颇尝有所规划，思效铅刀之一割，然大半与现在之情实相阂，稍入其中，而知吾之所主张，在今日万难贯彻，而反乎此者，又恒觉于心有所未安。其权宜救时之政，虽亦明知其不得不尔，然大率为吾生平所未学，虽欲从事而无能为役。若此者，于全局之事有然，于一部分之事亦有然，是故援陈力就列不能者止之义，呈求引退，徒以元首礼意之殷渥，辞不获命，暂觍然滥竽今职，亦唯思拾遗补阙，为无用之用，而事实上则与政治之关系，日趋于疏远。更得闲者，则吾政治生涯之全部，且将中止矣。夫以二十年习于此生涯之人，忽焉思改其度，非求息肩以自暇逸也，尤非有所愤恶而逃之也。吾自始本为理论的政谭家，其能勉为实行的政务家与否，原不敢自信。今以一年来所经历，吾一面虽仍确信理论的政治，吾中国将来终不可以蔑弃，吾一面又确信吾国今日之政治，万不容拘律以理论，而现在佐元首以实行今日适宜之政治者，其能力实过吾倍蓰，以吾参加于诸公之列，不能多有所助于其实行。亦犹以诸公参加于吾之列，不能多有所助于吾理论也。夫社会以分劳相济为宜，而能力以用其所长为贵，吾立于政治当局，吾自审虽蚤作夜思鞠躬尽瘁。吾所能自效于国家者有几。夫一年来之效既可睹矣。吾以此日力以此心力转而用诸他方面，安见其所自效于国家者，不有以加于今日？然则还我初服，仍为理论的政谭家耶，以平昔好作政谭之人，而欲绝口不谭政治，在势固必不能自克，且对于时政得失而有所献替，亦言论家之通责，吾岂忍有所讳避。虽然，吾以二十年来几度之阅历，吾深觉政治之基础恒在社会，欲应用健全之政论，则于论政以前更当有事焉。而不然者，则其政论徒供刺激感情之用，或为剽窃干禄之资，无论在政治方面，在社会方面，皆可以生意外之恶影响。非直无益于国而或反害之，故吾自今以往，不愿更多为政谭，非厌倦也，难之故慎之也。政谭且不愿多作，则政团更何有？故吾自今以往，除学问上或与二三朋辈结合讨论外，一切政治团体之关系，皆当中止。乃至生平最敬仰之师长，最亲习之友生，亦惟以道义相切劘。学艺相商榷，至其政治上之言论行动，吾决不愿有所与闻，更不能负丝毫之连带责任。非孤僻也，人各有其见地，各有其所以自信者，虽以骨肉之亲，或不能苟同也。

夫身既渐远于政局，而口复渐稀于政谭，则吾之政治生涯，真中止矣。吾自今以往，吾何以报国者？吾思之，吾重思之，吾犹有一莫大之天职焉。夫吾固人也，吾将讲求人之所以为人者而与吾人商榷之。吾固中国国民也，吾将讲求国民之所以为国民者而与吾国民商榷之，人之所以为人，国民之所以为国民，虽若夫妇之愚可以与知乎，而吾国竟若有所未解，或且反其道而恬不以为怪。质言之，则中国社会之堕落窳败，晦盲否塞，实使人不寒而栗。以智识才技之晻陋若彼，势必劣败于此，物竞至剧之世，举全国而为饿殍，以人心风俗之偷窳若彼，势必尽丧吾祖若宗遗传之善性，举全国而为禽兽。在此等社会上而谋政治之建设，则虽岁变更其国体，日废置其机关，法令高与山齐，庙堂日昃不食，其亦曷由致治？有蹙蹙以底于亡已耳。夫社会之敝极于今日，而欲以手援天下，夫孰不知其难？虽然，举全国聪明才智之士，悉辏集于政界，而社会方面，空无人焉，则江河日下，又何足怪？吾虽不敏。窃有志于是。若以言论之力，能有所贡献于万一，则吾所以报国家之恩我者或于是乎在矣。

“知不可而为”主义与“为而不有”主义

（1921 年）

今天的讲题是两句很旧的话：一句是“知其不可而为之”，一句是“为而不有”。现在按照八股的作法，把他分作两股讲。

诸君读我的近二十年来的文章，便知道我自己的人生观是拿两样事情做基础：（一）“责任心”，（二）“兴味”。人生观是个人的，各人有各人的人生观。各人的人生观不必都是对的。不必于人人都合宜。但我想，一个人自己修养自己，总须拈出个见解，靠他来安身立命。我半生来拿“责任心”和“兴味”这两样事情做我生活资粮，我觉得于我很是合宜。

我是感情最富的人，我对于我的感情都不肯压抑，听其尽量发展。发展的结果常常得意外的调和。“责任心”和“兴味”都是偏于感情方面的多，偏于理智方面的很少。

“责任心”强迫把大担子放在肩上，是很苦的，“兴味”是很有趣的。二者在表面上恰恰相反，但我常把他调和起来。所以我的生活虽说一方面是很忙乱的，很复杂的；他方面仍是很恬静的，很愉快的。我觉得世上有趣的事多极了；烦闷，痛苦，懊恼，我全没有；人生是可赞美的，可讴歌的，有趣的。我的见解便是（一）孔子说的“知其不可而为之”和（二）老子的“为而不有”。

“知不可而为”主义、“为而不有”主义和近世欧美通行的功利主义根本反对。功利主义对于每做一件事之先必要问：“为什么?”胡适《哲学史大纲》上讲墨子的哲学就是要问为什么。“为而不有”主义便爽快的答道：“不为什么。”功利主义对于每做一件事之后必要问：“有什么效果?”“知不可而为”主义便答道：“不管他有没有效果。”

今天讲的并不是诋毁功利主义。其实凡是一种主义皆有他的特点，不能以此非彼。从一方面看来，“知不可而为”主义，容易奖励无意识之冲动；“为而不有”主义，容易把精力消费于不经济的地方。这两种主义或者是中国物质文明进步之障碍，也未可知。但在人类精神生活上却有绝大的价值，我们应该发明他享用他。

“知不可而为”主义是我们做一件事明白知道他不能得着预料的效果，甚至于一无效果，但认为应该做的便热心做去。换一句话说，就是做事时候把成功与失败的念头都撇开一边，一味埋头埋脑的去做。

这个主义如何能成立呢？依我想，成功与失败本来不过是相对的名词。一般人所说的成功不见得便是成功，一般人所说的失败不见得便是失败。天下事有许多从此一方面看说是成功，从别一方面看也可说是失败；从目前看可说是成功，从将来看也可说是失败。此方乡下人没见过电话，你让他去打电话，他一定以为对墙讲话，是没效果的；其实他方面已经得到电话，生出效果了。再如乡下人看见电报局的人在那里乓乓乓乓的打电报，一定以为很奇怪，没效果的；其实我们从他的手里已经把华盛顿会议的消息得到了。照这样看来，成败既无定形，这“可”与“不可”不同的根本先自不能存在了。孔子说，“我则异于是，无可无不可。”他这句话似乎是很滑头；其实他是看出天下事无绝对的“可”与“不可”，即无绝对的成功与失败。别人心目中有“不可”这两个字，孔子却完全没有。

"知不可而为"本来是晨门批评孔子的话，映在晨门眼帘上的孔子是"知不可而为"。实际上的孔子是"无可无不可而为"罢了。这是我的第一层的解释。

进一步讲，可以说宇宙间的事绝对没有成功，只有失败。成功这个名词，是表示圆满的观念，失败这个名词，是表示缺陷的观念。圆满就是宇宙进化的终点，到了进化终点，进化便休止；进化休止不消说是连生活都休止了。所以平常所说的成功与失败不过是指人类活动休息的一小段落。比方我今天讲演完了，就算是我的成功；你们听完了，就算是你们的成功。

到底宇宙有圆满之期没有，到底进化有终止的一天没有？这仍是人类生活的大悬案，这场官司从来没有解决，因为没有这类的裁判官。据孔子的眼光看来，这是六合以外的事应该"存而不论"。此种问题和"上帝之有无"是一样不容易解决的。我们不是超人，所以不能解决超人的问题。人不能自举其身，我们又何能拿人生以外的问题来解决人生的问题？人生是宇宙的小段片，孔子不讲超人的人生，只从小段片里讲人生。

人类在这条无穷无尽的进化长途中，正在发脚蹒跚而行；自有历史以来，不过在这条路上走了一点，比到宇宙圆满时候。还不如差几万万年哩！现在我们走的只是像体操教员刚叫了一声"开步走！"就想要得到多少万万年后的成功，岂非梦想？所以谈成功的人不是骗别人，简直是骗自己！

就事业上讲，说什么周公致太平，说什么秦始皇统一天下，说什么释迦牟尼普度众生。现在我们看看周公所致的太平到底在那里？大家说是周公的成功，其实是他的失败。"六王毕，四海一"这是说秦始皇统一天下了，但仔细看看，他所统一的到底在那里？并不是说他传二世而亡，他的一份家当完了，就算失败。只看从他以后，便有楚汉之争，三国分裂，五胡乱华，唐之藩镇，宋之辽金，就现在说，又有督军之割据，他的统一之功算成了吗？至于释迦牟尼，不但说没普度了众生，就是当时的印度人。也未全被他普度。所以世人所说的一般大成功家，实在都是一般大失败家。再就学问上讲。牛顿发明引力，人人都说是科学上的大成功，但自爱斯坦之相对论出，而牛顿转为失败，其实牛顿本没成功，不过我们没有见到就是了。近两年来欧美学界颂扬爱因斯坦成功之快之大，无比矣！我们没学问，不配批评，只配跟着讴歌，跟着崇拜！但照牛顿的例看来，他也算是失败。所以无论就学问上讲就事实上讲，总一句话说：只有失败的没有成功的。

人在无边的“宇”（空间）中，只是微尘，不断的“宙”（时间）中，只是段片。一个人无论能力多大，总有做不完的事，做不完的便留交后人。这好像一人忙极了，有许多事做不完，只好说“托别人做吧！”一人想包做一切事，是不可能的，不过从全体中抽出几万万分之一点做做而已。但这如何能算是成功？若就时间论，一人所做的一段片，正如“抽刀断水水更流”，也不得叫做成功。

孔子说“死而后已”，这个人死了那个人来继续。所以说继续绳绳，始能成大的路程。天下事无不可。天下事无成功。

然而人生这件事却奇怪的很：在无量数年中，无量数人。所做的无量数事，个个都是不可，个个都是失败，照数学上零加零仍等于零的规律讲，合起来应该是个大失败，但许多的“不可”加起来却是一个“可”。许多的“失败”加起来却是一个“大成功”。这样看来也可说是上帝生人就是教人作失败事的，你想不失败吗？那除非不做事。但我们的生活便是事，起居饮食也是事，言谈思虑也是事，我们能到不做事的地步吗？要想不做事，除非不做人。佛劝人不做事，便是劝人不做人。如果不能不做人，非做事不可。这样看来普天下事都是“不可而为”的事。普天下人都是“不可而为”的人。不过孔子是“知不可而为”，一般人是“不知不可而为”罢了。

“不知不可而为”的人，遇事总要计算计算某事可成功，某事必失败；可成功的便去做，必失败的便躲避。自以为算盘打对了，其实全是自己骗自己，计算的总结与事实绝对不能相应。成败必至事后始能下判断的。若事前横计算竖计算，反减少人作事的勇气。在他挑选趋避的时候，十件事至少有八件事因为怕失败，不去做了。

算盘打得精密的人，看着要失败的事都不敢做，而为势所迫，又不能不勉强去做，故常说“要失败啦！我本来不愿意做，不得已啦!”他有无限的犹疑，无限的惊恐、终日生活在摇荡苦恼里。

算盘打得不精密的人，认为某件事要成功，所以在短时间内欢喜鼓舞的做去，到了半路上忽然发见他的成功希望是空的，或者做到结尾。不能成功的真相已经完全暴露。于是千万种烦恼悲哀都凑上来了。精密的人不敢做，不想做，而又不能不做，结果固然不好；但不精密的人，起初喜欢去做，继后失败了灰心丧气的不做，比前一类人更糟些。

人生在世界是混混沌沌的，从这种境界里过数十年，那么，生活便只有可悲更无可乐。我们对于“人生”真可以诅咒。为什么人来世上作消耗面包的机器呢？若是怕没人吃面包，何不留以待虫类呢？这样的人生可真没一点价值了。

“知不可而为”的人怎样呢？头一层：他预料的便是失败：他的预算册子上件件都先把“失败”两个字摆在当头，用不着什么计算不计算，拣择不拣择。所以孔子一生一世只是：“毋意！毋必！毋固！毋我！”“意”是事前猜度，“必”是先定其成败，“固”是先有成见，“我”是为我。孔子的意思就是人不该猜度，不该先定事之成败，不该先有成见，不该为着自己。

第二层：我们既做了人，做了人既然不能不生活，所以不管生活是段片也罢，是微尘也罢，只要在这微尘生活段片生活里，认为应该做的，便大踏步的去做，不必打算，不必犹豫。

孔子说："无适也，无莫也，义之与比。"又说："鸟兽不可与同群，吾非斯人之徒欤而谁欤？天下有道丘不与易也。"这是绝对自由的生活。假设一个人常常打算何事应做，何事不应做，他本来想到街上散步，但一念及汽车撞死人，便不敢散步，他看见飞机很好，也想坐一坐，但一念及飞机摔死人，便不敢坐，这类人是自己禁住自己的自由了。要是外人剥夺自己的自由，自己还可以恢复，要是自己禁住自己的自由，可就不容易恢复了。"知不可而为"主义是使人将做事的自由大大的解放，不要作无为之打算，自己捆绑自己。

孔子说："智者不惑，仁者不忧，勇者不惧。"不惑就是明白，不忧就是快活，不惧就是壮健。反过来说，惑也，忧也，惧也，都是很苦的，人若生活于此中，简直是过监狱的生活。

遇事先计划成功与失败，岂不是一世在疑惑之中？遇事先怕失败，一面做，一面愁，岂不是一世在忧愁之中？遇事先问失败了怎么样，岂不是一世在恐惧之中？

"知不可而为"的人，只知有失败，或者可以说他们用的字典里，从没有成功二字。那么，还有什么可惑可忧可惧呢？所以他们常把精神放在安乐的地方。所以一部《论语》，开宗明义便说："不亦乐乎！""不亦悦乎！"用白话讲，便是"好呀！""好呀！"

孔子说："发愤忘食，乐以忘忧，不知老之将至。"可见他作事是自己喜欢的，并非有何种东西鞭策才作的，所以他不觉胡子已白了，还只管在那里做。他将人生观立在"知不可而为"上，所以事事都变成不亦乐乎，不亦悦乎，这种最高尚最圆满的人生，可以说是从"知不可而为"主义发生出来。我们如果能领会这种见解，即令不可至于乐乎悦乎的境地，至少也可以减去许多"惑""忧""惧"，将我们的精神放在安安稳稳的地位上。这样才算有味的生活，这样才值得生活。

第一股做完了，现在做第二股，仍照八股的做法，说几句过渡的话。

“为而不有”主义与“知不可而为”主义，可以说是一个主义的两面。“知不可而为”主义可以说是“破妄返真”，“为而不有”主义可以说是“认真去妄”。“知不可而为”主义可使世界从烦闷至清凉，“为而不有”主义可使世界从极平淡上显出灿烂。

为而不有这句话，罗素解释的很好。他说人有两种冲动，（一）占有冲动，（二）创造冲动。这句话便是提倡人类的创造冲动的。他这些学说诸君谅已熟闻，不必我多讲了。

“为而不有”的意思是不以所有观念作标准，不因为所有观念始劳动。简单一句话。便是为劳动而劳动。这话与佛教说的“无我我所”相通。

常人每做一事，必要报酬，常把劳动当作利益的交换品，这种交换品只准自己独有。不许他人同有，这就叫做“为而有”。如求得金钱，名誉，因为“有”，才去“为”。有为一身有者，有为一家有者，有为一国有者。在老子眼中看来，无论为一身有，为一家有，为一国有，都算是为而有，都不是劳动的真目的。人生劳动应该不求报酬，你如果问他“为什么而劳动?”他便答道：“不为什么。”再问“不为什么为什么劳动?”他便老老实实说“为劳动而劳动，为生活而生活。”

老子说“上人为之而无以为”。韩非子给他解释的很好：“生于其心之所不能已，非求其为报也。”简单说来，便是无所为而为，既无所为所以只好说为劳动而劳动，为生活而生活，也可说是劳动的艺术化生活的艺术化。

老子还说“既以为人己愈有，既以与人己愈多。”这是说我要帮助人，自己却更有，不致损减。我要给人，自己却更多，不致损减。这话也可作为而不有的解释。按实说老子本来没存“有”“无”“多”“少”的观念，不过假定差别相以示常人罢了。

在人类生活中最有势的便是占有性。据一般人的眼光看来，凡是为人的好像己便无。例如楚汉争天下，楚若为汉，楚便无，汉若为楚，汉便无，韩信张良帮汉高的忙谋皇帝，他们便无。凡是与人的好象己便少，例如我们到瓷器铺子里买瓶子，一个瓶子，他要四元钱，我们只给他三元半，他如果卖了，岂不是少得五角？岂不是既以与人己便少吗？这似乎是和己愈有已愈多的话相反。然自他一方面看来，譬如我今天讲给诸君听，总算与大家了，但我仍旧是有，并没减少。再如教员天天在堂上给大家讲，不特不能减其所有。反可得“教学相长”的益处。至若弹琴，唱歌给人听，也并没损失，且可使弹的唱的更加熟练。文学家，诗人，画家，雕刻家，慈善家，莫不如此。即就打算盘论，帮助人的虽无实利，也可得精神上的愉快。

老子又说“含德之厚，比于赤子，赤子终日号而不嗄，和之至也。”他的意思就是说成人应该和小孩子一样，小孩子天天在那里哭，小孩子并不知为什么而哭，无端的大哭一场，好象有许多痛心的事，其实并不为什么。成人亦然。问他为什么吃？答为饿。问他为什么饿？答为生理上必然的需要。再问他为什么生理上需要？他便答不出了。所以“为什么”是不能问的，如果事事问为什么，什么事都不能做了。

老子说“无为而无不为”，我们却只记得他的上半截的“无为”，把下半截的“无不为”忘掉了。这的确是大错。他的主义是不为什么，而什么都做了。并不是说什么都不做。要是说什么都不做，那他又何必讲五千言的《道德经》呢？

“知不可而为”主义与“为而不有”主义都是要把人类无聊的计较一扫而空，喜欢做便做，不必瞻前顾后。所以归并起来，可以说这两种主义就是“无所为而为”主义，也可以说是生活的艺术化，把人类计较利害的观念，变为艺术的情感的。

这两种主义的概念，演讲完了。我很希望他发扬光大推之于全世界。但要实行这种主义须在社会组织改革以后。试看在俄国劳农政府之下，“知不可而为”和“为而不有”的人比从前多得多了。

社会之组织未变，社会是所有的社会，要想打破所有的观念，大非易事，因为人生在所有的社会上。受种种的牵掣，倘有人打破所有的观念，他立刻便缺乏生活的供给。比方作教员的，如果不要报酬，便立刻没有买书的费用。然假使有公共图书馆，教员又何必自己买书呢？中国人常喜欢自己建造花园。然而又没有钱，其势不得不用种种不正当的方法去找钱，这还不是由于中国缺少公共花园的缘故吗？假使中国仿照欧美建设许多极好看极精致的公共花园，他们自然不去另造了。所以必须到社会组织改革之后。对于公众有种种供给时，才能实行这种主义。

虽是这样说法，我们一方面希望求得适宜于这种主义的社会，一方面在所处的混浊的社会中，还得把这种主义拿来寄托我们的精神生活，使他站在安慰清凉的地方。我看这种主义恰似青年修养的一付清凉散。我不是拿空话来安慰诸君，也不是勉强去左右诸君，他的作用着实是如此的。

最后我还要对青年进几句忠告。老子说："宠辱不惊"。这句话最关重要。现在的一般青年或为宠而惊。或为辱而惊。然为辱而惊的大家容易知道，为宠而惊的大家却不易知道。或者为宠而惊的比较为辱而惊的人的人格更为低下也说不定。五四以来，社会上对于青年可算是宠极了，然根底浅薄的人，其所受宠的害，恐怕比受辱的害更大吧。有些青年自觉会做几篇文章，便以为满足；其实与欧美比一比。那算得什么学问，徒增了许多虚荣心罢了。他们在报上出风头，不过是为眼前利害所鼓动，为虚荣心所鼓动，别人说成功，他们便自以为成功，岂知天下没成功的事。这些都是被成败利钝的观念所误了。

古人的这两句话，我希望现在的青年在脑子里多转几转。把他当作失败中的鼓舞，烦闷中的清凉，困倦中的兴奋。

为学与做人

（1922 年）

诸君！我在南京讲学将近三个月了。这边苏州学界里头，有好几回写信邀我；可惜我在南京是天天有功课的，不能分身前来。今天到这里，能够和全城各校诸君聚在一堂，令我感激得很。但有一件，还要请诸君原谅：因为我一个月以来，都带着些病，勉强支持。今天不能作很长的讲演，恐怕有负诸君期望哩。

问诸君“为甚么进学校”？我想人人都会众口一辞的答道：“为的是求学问。”再问：“你为什么要求学问？”“你想学些什么？”恐怕各人的答案就很不相同，或者竟自答不出来了。诸君啊！我请替你们总答一句罢：“为的是学做人。”你在学校里头学的什么数学几何物理化学生理心理历史地理国文英语，乃至什么哲学文学科学政治法律经济教育农业工业商业等，不过是做人所需要的一种手段，不能说专靠这些便达到做人的目的。任凭你把这些件件学得精通，你能够成个人不能成个人还是个别问题。

人类心理，有知情意三部分，这三部分圆满发达的状态，我们先哲名之为三达德——智，仁，勇。为什么叫做“达德”呢？因为这三件事是人类普通道德的标准，总要三件具备才能成一个人。三件的完成状态怎么样呢？孔子说：“知者不惑，仁者不忧，勇者不惧。”所以教育应分为知育情育意育三方面。——现在讲的智育德育体育。不对。德育范围太笼统，体育范围太狭隘。——知育要教到人不惑，情育要教到人不忧，意育要教到人不惧。教育家教学生，应该以这三件为究竟；我们自动的自己教育自己，也应该以这三件为究竟。

怎么样才能不惑呢？最要紧是养成我们的判断力。想要养成判断力：第一步，最少须有相当的常识；进一步，对于自己要做的事须有专门智识；再进一步，还要有遇事能断的智慧。假如一个人连常识都没有，听见打雷，说是雷公发威；看见月蚀，说是虾蟆贪嘴。那么，一定闹到什么事都没有主意，碰着一点疑难问题，就靠求神问卜看相算命去解决。真所谓“大惑不解”。成了最可怜的人了。学校里小学中学所教，就是要人有了许多基本的常识。免得凡事都暗中摸索。但仅仅有这点常识还不够。我们做人，总要各有一件专门职业；这门职业，也并不是我一人破天荒去做，从前已经许多人做过。他们积了无数经验，发见出好些原理原则，这就是专门学识。我打算做这项职业，就应该有这项专门学识。例如我想做农吗？怎样的改良土壤，怎样的改良种子，怎样的防御水旱病虫。等都是前人经验有得成为学识的。我们有了这种学识，应用他来处置这些事，自然会不惑；反是则惑了。做工做商等等都各各有他的专门学识，也是如此。我想做财政家吗？何种租税可以生出何样结果？何种公债可以生出何样结果等等，都是前人经验有得成为学识的。我们有了这种学识，应用他来处置这些事，自然会不惑；反是则惑了。教育家军事家……都各各有他的专门学识，也是如此。我们在高等以上学校所求的智识，就是这一类。但专靠这种常识和学识就够吗？还不能。宇宙和人生是活的不是呆的，我们每日所碰见的事理是复杂的变化的不是单纯的印板的。倘若我们只是学过这一件才懂这一件，那么，碰着一件没有学过的事来到跟前，便手忙脚乱了。所以还要养成总体的智慧才能得有根本的判断力。这种总体的智慧如何才能养成呢？第一件：要把我们向来粗浮的脑筋。着实磨练他，叫他变成细密而且踏实。那么，无论遇着如何繁难的事，我都可以彻头彻尾想清楚他的条理，自然不至于惑了。第二件：要把我们向来昏浊的脑筋，着实将养他，叫他变成清明。那么，一件事理到跟前，我才能很从容很莹澈的去判断他，自然不至于惑了。以上所说常识学识和总体的智慧，都是智育的要件，目的是教人做到知者不惑。

怎么样才能不忧呢？为什么仁者便会不忧呢？想明白这个道理，先要知道中国先哲的人生观是怎么样。“仁”之一字，儒家人生观的全体大用都包在里头。“仁”到底是什么？很难用言语说明。勉强下个解释，可以说是：“普遍人格之实现。”孔子说：“仁者人也。”意思说是人格完成就叫做“仁”。但我们要知道：人格不是单独一个人可以表见的，要从人和人的关系上看出来。所以仁字从二人，郑康成解他做“相人偶”。总而言之，要彼我交感互发，成为一体，然后我的人格才能实现。所以我们若不讲人格主义，那便无话可说。讲到这个主义，当然归宿到普遍人格。换句话说：宇宙即是人生，人生即是宇宙，我的人格和宇宙无二无别。体验得这个道理，就叫做“仁者”。然则这种仁者为甚么就会不忧呢？大凡忧之所从来，不外两端，一曰忧成败，二曰忧得失。我们得着“仁”的人生观，就不会忧成败。为什么呢？因为我们知道宇宙和人生是永远不会圆满的，所以《易经》六十四卦，始“乾”而终“未济”。正为在这永远不圆满的宇宙中，才永远容得我们创造进化，我们听做的事，不过在宇宙进化几万万里的长途中，往前挪一寸两寸，那里配说成功呢？然则不做怎么样呢？不做便连这一寸两寸都不往前挪，那可真真失败了。“仁者”看透这种道理，信得过只有不做事才算失败，凡做事便不会失败。所以《易经》说：“君子以自强不息。”换一方面来看，他们又信得过凡事不会成功的，几万万里路挪了一两寸，算成功吗？所以《论语》说：“知其不可而为之。”你想！有这种人生观的人，还有什么成败可忧呢？再者：我们得着“仁”的人生观，便不会忧得失。为什么呢？因为认定这件东西是我的，才有得失之可言。连人格都不是单独存在，不能明确的画出这一部分是我的那一部分是人家的，然则那里有东西可以为我所得？既已没有东西为我所得，当然也没有东西为我所失。我只是为学问而学问，为劳动而劳动，并不是拿学问劳动等做手段来达某种目的——可以为我们“所得”的。所以老子说：“生而不有，为而不恃。”“既以为人己愈有，既以与人己愈多。”你想有这种人生观的人，还有什么得失可忧呢？总而言之：有了这种人生观，自然会觉得“天地与我并生，而万物与我为一”；自然会“无入而不自得”。他的生活，纯然是趣味化艺术化。这是最高的情感教育，目的教人做到仁者不忧。

怎么样才能不惧呢？有了不惑不忧工夫，惧当然会减少许多了。但这是属于意志方面的事；一个人若是意志力薄弱，便有很丰富的智识，临时也会用不着；便有很优美的情操，临时也会变了卦。然则意志怎么才会坚强呢？头一件须要心地光明。孟子说："浩然之气，至大至刚。行有不慊于心，则馁矣。"又说："自反而不缩，虽褐宽博，吾不惴焉；自反而缩，虽千万人，吾往矣。"俗语说得好："生平不作亏心事，夜半敲门也不惊。"一个人要保持勇气，须要从一切行为可以公开做起。这是第一著。第二件要不为劣等欲望之所牵制。《论语》记："子曰：吾未见刚者。或对曰：申枨。子曰：枨也欲，焉得刚?"一被物质上无聊的嗜欲东拉西扯，那么，百炼刚也会变为绕指柔了。总之一个人的意志，由刚强变为薄弱极易，由薄弱返到刚强极难。一个人有了意志薄弱的毛病，这个人可就完了。自己作不起自己的主，还有什么事可做？受别人压制，做别人奴隶，自己只要肯奋斗，终须能恢复自由。自己的意志做了自己情欲的奴隶，那么，真是万劫沉沦，永无恢复自由的余地，终身畏首畏尾，成了个可怜人了。孔子说："和而不流，强哉矫；中立而不倚，强哉矫；国有道，不变塞焉，强哉矫；国无道，至死不变，强哉矫。"我老实告诉诸君说罢：做人不做到如此，决不会成一个人。但做到如此真是不容易。非时时刻刻做磨练意志的工夫不可。意志磨练得到家，自然是看着自己应做的事，一点不迟疑，扛起来便做，"虽千万人吾往矣"。这样才算顶天立地做一世人，绝不会有藏头躲尾左支右绌的丑态。这便是意育的目的，要教人做到勇者不惧。

我们拿这三件事作做人的标准，请诸君想想，我自己现时做到那一件——那一件稍为有一点把握。倘若连一件都不能做到，连一点把握都没有，嗳哟！那可真危险了，你将来做人恐怕就做不成。讲到学校里的教育吗：第二层的情育第三层的意育，可以说完全没有；剩下的只有第一层的知育。就算知育罢：又只有所谓常识和学识，至于我所讲的总体智慧靠来养成根本判断力的，却是一点儿也没有。这种"贩卖智识杂货店"的教育，把他前途想下去，真令人不寒而栗！现在这种教育，一时又改革不来，我们可爱的青年，除了他更没有可以受教育的地方。诸君啊！你到底还要做人不要？你要知道危险呀！非你自己抖擞精神想方法自救，没有人能救你呀！

诸君啊！你千万别要以为得些断片的智识就算是有学问呀。我老实不客气告诉你罢：你如果做成一个人，智识自然是越多越好：你如果做不成一个人，智识却是越多越坏。你不信吗？试想想全国人所唾骂的卖国贼某人某人，是有智识的呀，还是没有智识的呢？试想想全国人所痛恨的官僚政客——专门助军阀作恶鱼肉良民的人，是有智识的呀，还是没有智识的呢？诸君须知道啊，这些人当十几年前在学校的时代，意气横厉，天真烂漫，何尝不和诸君一样？为什么就会堕落到这样田地呀？屈原说的："何昔日之芳草兮，今直为此萧艾也！岂其有他故兮，莫好修之害也。"天下最伤心的事，莫过于看着一群好好的青年，一步一步的往坏路上走。诸君猛醒啊！现在你所厌所恨的人，就是你前车之鉴了。

诸君啊！你现在怀疑吗？沉闷吗？悲哀痛苦吗？觉得外边的压迫你不能抵抗吗？我告诉你：你怀疑和沉闷，便是你因不知才会惑。你悲哀痛苦，便是你因不仁才会忧。你觉得你不能抵抗外界的压迫，便是你因不勇才有惧。这都是你的知情意未经过修养磨练，所以还未成个人。我盼望你有痛切的自觉啊！有了自觉，自然会自动。那么，学校之外，当然有许多学问，读一卷经，翻一部史，到处都可以发见诸君的良师呀！

诸君啊！醒醒罢！养足你的根本智慧，体验出你的人格人生观，保护好你的自由意志。你成人不成人，就看这几年哩！

梁任公先生年表

1873 年（同治十二年）　一岁

正月二十六日，生于广东新会熊子乡。

正月，慈安、慈禧两太后撤帘，穆宗开始亲政。

1874 年（同治十三年）　二岁

三月，日军入侵台湾。《循环日报》发刊。

1875 年（光绪元年）　三岁

正月，马嘉理事件发生。

1876 年（光绪二年）　四岁

授四子书及《诗经》。

刘锦棠等收复乌鲁木齐等地。

1877 年（光绪三年）　五岁

新疆南路肃清。

1878 年（光绪四年）　六岁

六月，开平矿务局在直隶唐山开平镇成立。

1879 年（光绪五年）　七岁

圣约翰大学的前身圣约翰书院开办。

1880 年（光绪六年）　八岁

学为文。

正月，清政府命曾纪泽与俄交涉伊犁事件。李鸿章创办海军。

1881 年（光绪七年）　九岁

能缀千言。

《中俄伊犁条约》签订。唐胥铁路正式通车。

1882 年（光绪八年）　十岁

朝鲜“壬午兵变”，中日冲突加剧。

1883 年（光绪九年）　十一岁

中法战争爆发。

1884 年（光绪十年）　十二岁

“应试学院，补博士弟子员。”

南洋海军初具规模。

1885 年（光绪十一年）　十三岁

入广州学海堂，治训诂之学，渐有弃八股之志。

镇南关大捷。中法媾和。签定北京条约。

1886 年（光绪十二年）　十四岁

天津《时报》创刊。

1887 年（光绪十三年）　十五岁

母赵氏卒。肄业于学海堂。

台湾建省。中国铁路公司建立。

1888 年（光绪十四年）　十六岁

正月，英军发动第一次侵藏战争。

1889 年（光绪十五年）　十七岁

“举于乡。”

二月，慈禧太后归政。

1890 年（光绪十六年）　十八岁

“计偕入京师。”李端棻以妹许字之。旋下第归。与陈千秋同往谒康有为。

1891 年（光绪十七年）　十九岁

就读于万木草堂，接受康有为的思想学说。“十月，入京师，结婚李氏。”

1892 年（光绪十八年）　二十岁

“王父弃养。”

五月，俄国侵占帕米尔。

1893 年（光绪十九年）　二十一岁

郑观应所著《盛世危言》出版。

1894 年（光绪二十年）　二十二岁

“客京师。于京国所谓名士多所往还。”

朝鲜东学党起义，引发中日战争。

1895 年（光绪二十一年）　二十三岁

协助康有为发动“公车上书”。强学会成立后，梁启超为书记，不久遭封禁。

北洋海军覆没。中日《马关条约》签订。

1896 年（光绪二十二年）　二十四岁

作《西学书目表》，办《时务报》，著《变法通议》。

南洋公学创办。

1897 年（光绪二十三年）　二十五岁

十月，至湖南，就任长沙时务学堂总教习。

中国通商银行创办。德国占领胶州湾。

1898 年（光绪二十四年）　二十六岁

入京师，受光绪帝召见，奉命负责办理京师大学堂译书局事务。九月政变后，东渡日本。十月创办《清议报》。

维新新政失败，六君子就义，康有为逃亡海外。慈禧再摄政。

1899 年（光绪二十五年）　二十七岁

十一月，美洲设中国维新会，受邀前往。至夏威夷，居半年。

美国提出“门户开放”政策。

1900 年（光绪二十六年）　二十八岁

六月回日本。七月至上海，后因汉口难作，转至南洋澳洲。

八国联军攻陷天津、北京。

1901 年（光绪二十七年）　二十九岁

四月，再至日本。

《辛丑条约》签订。

1902 年（光绪二十八年）　三十岁

三月，创办《新民丛报》。十一月，创刊《新小说》。《饮冰室文集》出版。

1903 年（光绪二十九年）　三十一岁

五月，梁启超由加拿大抵达美国纽约。阅十月后，仍返日本。同年，著《新大陆游记》。

《苏报》案发生。华兴会成立。

1904 年（光绪三十年）　三十二岁

著《中国币制问题》及《外资输入问题》等。

日俄战争爆发，清政府宣告局外中立。

1905 年（光绪三十一年）　三十三岁

著《开明专制论》、《与革命党相驳论》。

同盟会成立。清宫办银行。

1906 年（光绪三十二年）　三十四岁

在日本。

清廷实行宪政。

1907 年（光绪三十三年）　三十五岁

著《国文语原解》。

同盟会黄冈起义爆发。

1908 年（光绪三十四年）　三十六岁

著《中国古代币材考》。

十一月，西太后及德宗相继去世。醇亲王摄政。

1909 年（宣统元年）　三十七岁

在日本。

京张铁路通车。

1910 年（宣统二年）　三十八岁

创刊《国风报》。著《币制条议》、《外债平议》。

中央资政院正式成立。清华学堂在京成立。

1911 年（宣统三年）　三十九岁

在日本。

武昌革命军起义。湖北军政府成立。

1912 年（民国元年）　四十岁

十一月，梁启超结束流亡生活，回到阔别十四年的北京。著《国性篇》等。

孙中山在南京宣誓就任临时大总统，中华民国宣告成立。

1913 年（民国二年）　四十一岁

著《政治上的对抗力》、《中华民国宪法草案》。任司法总长。

宋教仁被杀。二次革命爆发。

1914 年（民国三年）　四十二岁

著《欧洲战役史论》、《银行制度之建设》等。任币制局总裁。

公布新约法。参政院成立，黎元洪任院长。第一次世界大战爆发。

1915 年（民国四年）　四十三岁

著《余之币制金融政策》。创刊《大中华月刊》，发表《异哉所谓国体问题者》一文，抨击国体之混乱。参加护国运动。

1916 年（民国五年）　四十四岁

先后担任护国军两广都司令部都参谋，军务院抚军兼政务委员长等职。《盾鼻集》出版。父卒。

六月，袁世凯抱病而死。黎元洪就任大总统。

1917 年（民国六年）　四十五岁

出任财政总长兼盐务总署督办。

张勋复辟，败亡。冯国璋就总统任。

1918 年（民国七年）　四十六岁

年底，梁启超赴欧，亲身了解到西方社会的许多问题和弊端。

九月，徐世昌当选为大总统。十一月，第一次世界大战结束。

1919 年（民国八年）　四十七岁

著《欧游心影录》。《饮冰室丛著》出版。

五四运动发生。十二月，冯国璋于北京逝世。

1920 年（民国九年）　四十八岁

著《佛教之初输入》、《翻译文学与佛典》、《墨经校释》、《清代学术概论》。创设“讲学社”，邀各国学者来华讲学。

七月，直皖战争爆发。皖系战败。广东政府消灭。

1921 年（民国十年）　四十九岁

著《墨子学案》。

广东新政府成立。七月，中国共产党宣告诞生。

1922 年（民国十一年）　五十岁

著《陶渊明》、《大乘起信论考证》。

香港海员大罢工、安源路矿工人大罢工取得胜利。中东铁路收回。

1923 年（民国十二年）　五十一岁

著《国学入门书要目》、《戴东原哲学》、《戴东原先生传》、《人生观与科学》。

孙文于广东设大元帅府。

1924 年（民国十三年）　五十二岁

著《近代学风之地理的分布》。

孙中山组织北伐。冯玉祥发动北京政变，总统曹锟被囚禁。

1925 年（民国十四年）　五十三岁

第四次编订《饮冰室文集》出版。

孙文殁于北平。五卅事件发生。

1926 年（民国十五年）　五十四岁

在北平清华学校讲学。

“三一八”惨案发生。七月，国民革命军誓师北伐。

1927 年（民国十六年）　五十五岁

在北平清华学校讲学。

国民政府成立于南京。

1928 年（民国十七年）　五十六岁

著《辛稼轩年谱》，未竟。

南京国民政府公布《中华民国刑法》。

1929 年（民国十八年）

一月十九日，梁启超病逝于北平协和医院。

国民政府推行民众基础教育。海关新税则实施。